24 Horas

que cambiaron el mundo

ADAM HAMILTON

24 Horas
que cambiaron el mundo

Abingdon Press
Nashville

24 HORAS QUE CAMBIARON EL MUNDO

La ilustración de la página 101 por Ken M. Strickland

A mi madre,
Glenda Elizabeth Miller,
cuyo amor y ánimo son
bendición constante en mi vida

Reconocimientos

MI MÁS SINCERA GRATITUD va dirigida a los miembros de la Iglesia Metodista Unida de la Resurrección. Este libro comenzó como una serie de sermones que he compartido con esta congregación. Es una congregación excepcional, y me siento bendecido al servir como su pastor.

Rob Webster y Alex Schwindt me acompañaron a la Tierra Santa para grabar los videos que acompañan la versión inglesa de este libro. Rob Webster se encargó del trabajo editorial de estas grabaciones. ¡Gracias, Rob y Alex!

Educational Opportunities hizo posible el viaje a Jerusalén para estudiar esta historia en la tierra donde se produjeron los acontecimientos. Mi gratitud específica va dirigida a James Ridgeway.

Mi asistenta, Sue Thompson, ha facilitado el trabajo que hago durante más de diez años. Su colaboración se percibe de manera directa en las citas que se incluyen en esta obra, pero indirectamente es notable en demasiadas facetas para poderlas mencionar todas.

Mi gratitud especial se dirige a Rob Simbeck, cuya ayuda, con las revisiones editoriales y la transformación de mis sermones en capítulos del libro, ha sido inestimable.

Finalmente, mi compañera, esposa, y mejor amiga, LaVon Hamilton, ha moldeado mi vida y mi fe. Con ella he discutido muchas de las ideas de este libro, y fue ella quien inspiró el volumen de reflexiones diarias que acompañan la versión inglesa. El grupo pequeño con el que me reúno semanalmente también ayudó con estas reflexiones.

Adam Hamilton

Índice

Introducción

SE CREE QUE JESÚS murió a la edad de 33 años tras vivir una vida de aproximadamente 12.000 días. Los autores de los evangelios dedicaron la mayoría de su trabajo a tan solo unos 1.100 días de ese total, los tres últimos años de su vida; y su interés principal se centró en un día en particular —el día en que fue crucificado. Estos autores creían con absoluta convicción que este período de veinticuatro horas cambiaron el mundo, y cada uno de los evangelios apunta a este evento.

Comenzando con el jueves por la tarde después de la puesta del sol y prolongándose hasta el viernes, Jesús compartiría su última cena con sus discípulos; oraría en el huerto de Getsemaní; sería traicionado y abandonado por sus amigos; los líderes religiosos le acusarían de blasfemia; Poncio Pilato le juzgaría y condenaría por rebelión; sería torturado por los soldados romanos; se le crucificaría, moriría y se le enterraría.

Cuando el apóstol Pablo resume el evangelio a los cristianos en Corinto, lo hizo con las siguientes palabras: "pues me propuse no saber entre vosotros cosa alguna sino a Jesucristo, y a este crucificado" (1 Corintios 2:2). El sufrimiento, muerte y resurrección de Jesucristo representan el pináculo del evangelio y el cumplimiento de la obra salvadora de Dios por medio de Jesús.

El propósito de este libro es el de ayudar al lector a entender mejor los acontecimientos de las últimas veinticuatro horas de la vida de Jesús, a comprender con más claridad el significado teológico del sufrimiento y muerte de Cristo, y a reflexionar en cuanto al significado de estos eventos para nuestra vidas. Para poder alcanzar este propósito, examinaremos los trasfondos geográficos e históricos de los acontecimientos de ese fatídico día; reflexionaremos teológicamente en cuanto a la muerte de Jesús; y, por último, nos buscaremos a nosotros mismos en la historia, considerando cuan semejantes somos a Pilato o a Pedro, a Judas o a Juan.

Comenzaremos con el relato de Marcos de las últimas horas de la vida de Jesús (los eruditos, en su mayoría, consideran el evangelio de Marcos como el primer evangelio escrito), y suplementaremos el relato de Marcos con información de los otros evangelios.* Empezaremos con la última cena, que se produjo un jueves por la noche, y terminaremos con la muerte de Cristo en la cruz a la tarde siguiente. En el último capítulo del libro reflexionaremos sobre la resurrección.

Adam Hamilton

*Noten que los cuatro evangelios difieren en numerosos detalles en relación a las últimas veinticuatro horas de la vida de Jesús. Además, las interpretaciones de algunos de estos sucesos difieren de manera significativa entre los eruditos. Mayormente este libro seguirá la cronología presentada en Marcos y la interpretación tradicional de estos eventos.

24 Horas

que cambiaron el mundo

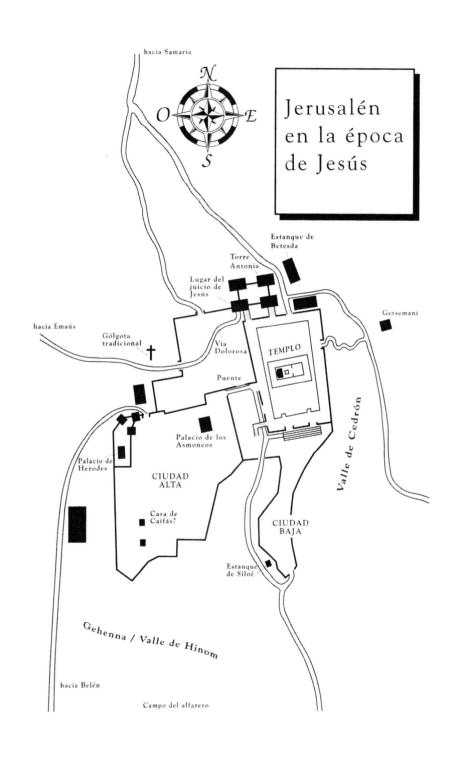

Jerusalén en la época de Jesús

hacia Samaria

N
O E
S

Estanque de Betesda

Torre Antonia

Lugar del juicio de Jesús

Getsemaní

hacia Emaús

Gólgota tradicional

Vía Dolorosa

TEMPLO

Puente

Palacio de los Asmoneos

Valle de Cedrón

Palacio de Herodes

CIUDAD ALTA

Casa de Caifás?

CIUDAD BAJA

Estanque de Siloé

Gehenna / Valle de Hinom

hacia Belén

Campo del alfarero

1. La Última Cena

El primer día de la fiesta de los Panes sin levadura, cuando sacrifica-
ban el cordero de la Pascua, sus discípulos le preguntaron: —¿Dónde quie-
res que vayamos a preparar para que comas la Pascua? Mientras comían,
Jesús tomó pan, lo bendijo, lo partió y les dio, diciendo: —Tomad, esto es
mi cuerpo. Después tomó la copa y, habiendo dado gracias, les dio y bebie-
ron de ella todos. Y les dijo: —Esto es mi sangre del nuevo pacto que por
muchos es derramada. De cierto os digo que no beberé más del fruto de la
vid, hasta aquel día en que lo beba nuevo en el reino de Dios.

(MARCOS 14:12, 22-25)

Jueves por la tarde
Un aposento alto en Jerusalén

LOS DISCÍPULOS ESTABAN confusos por esas palabras. La
Pascua es un tiempo de alegría y de celebración que conmemora
la liberación divina del pueblo de Israel de la esclavitud en
Egipto. Este tiempo señalaba la esperanza de que Dios enviaría
al Mesías. Por esta razón la cena tenía un significado especial
para los discípulos; estaban convencidos de que Jesús era el

Mesías y de que se encontraban en Jerusalén, durante la Pascua, para que Jesús reclamara su reino. Cuatro días antes la multitud de la ciudad le había dado la bienvenida con gritos de "Hosana". ¿Por qué hablaba ahora de que su sangre sería derramada? ¿Qué quería decir con todo esto?

Pocas han sido las veces que la aparente fortuna de una figura histórica cambiara tan rápida y dramáticamente como la de Jesús en la última semana de su vida. El domingo entró en Jerusalén rodeado de multitudes que arrojaban ramas de palma delante de él, convencidas de que Jesús era el Mesías prometido. Para el jueves por la tarde, Jesús esencialmente se escondía, mientras los líderes religiosos de la ciudad planeaban su muerte con ayuda de uno de sus doce discípulos que había estado muy allegado a él durante su ministerio público.

Jesús, desde luego, sabía lo que le esperaba. Él había predicho todo esto, aunque los discípulos nunca le entendieron. Los acontecimientos en estas últimas veinticuatro horas en la vida de Jesús pondrían a prueba a quienes estaban más cercanos a él, y éstos caerían.

Jesús llegó a Jerusalén después de caminar con sus discípulos una veintisiete millas desde un lugar cerca del Mar de Galilea donde había pasado gran parte de su ministerio. Había venido para celebrar la fiesta de la Pascua, y vino a morir. Entró en la ciudad por el Monte de los Olivos, montado en un burro sobre el que algunos de sus seguidores habían puesto su ropaje. Una multitud de personas le aclamaban y gritaban,

¡Hosana al Hijo de David!
¡Bendito el que viene en el nombre del Señor!
¡Hosana en las alturas! (Mateo 21:9)

Básicamente decían, "Sálvanos ahora, Jesús, libéranos".

Jesús entró en la ciudad y "observó todo", y al anochecer regresó a Betania, en el Monte de los Olivos, para pasar la noche (Marcos 11:11).* Al día siguiente se dirigió al Templo. Una vez allí, en el atrio de los gentiles, lugar en el que se invitaba a la oración a todas las naciones, vio a las personas que compraban y vendían productos como si se tratara de un mercado público; Jesús se enfadó. "¿No está escrito: 'Mi casa será llamada casa de oración para todas las naciones'? Pero vosotros la habéis hecho cueva de ladrones" (Marcos 11:17). Volcó las mesas y sillas de los cambistas y de los que vendían y los echó del Templo.

Jesús regresó al Templo cada día esa semana; y conforme enseñaba expuso con firmeza sus reformas religiosas, desafiando a los líderes religiosos repetidamente. "Ay de vosotros, escribas y fariseos, hipócritas!" les dijo, "Por que sois semejantes a sepulcros blanqueados, que por fuera, a la verdad, se muestran hermosos, pero por dentro están llenos de huesos de muertos y de toda inmundicia" (Mateo 23:27). Les reprendió por su orgullo espiritual, por la dureza de su corazón y por su religión de normas que solamente servía para distanciar a las personas que estaban perdidas. Jesús dijo, de hecho, a las personas, "Así que, todo lo que os digan que guardéis, guardadlo y hacedlo; pero no hagáis conforme a sus obras, porque dicen, pero no hacen".

Con cada acusación y desafío, Jesús enfurecía más a los escribas, los fariseos y los saduceos. La tensión crecía cada vez que entraba en el Templo. Cuando llegó el jueves era claro que los líderes religiosos de la ciudad conspiraban para poner fin a su vida.

Preparación del Séder pascual

Así, el jueves al mediodía, Jesús se dirigió a dos de sus discípulos (quienes de acuerdo con el relato de Lucas eran Pedro y Juan [21:8]) y les dijo que fueran a la ciudad e hicieran los preparativos de la Pascua, o *Séder*, la cual Jesús y sus discípulos comerían juntos en privado.

Jesús dijo a sus discípulos, "Id a la ciudad, y os saldrá un hombre que lleva un cántaro de agua; seguidlo" (Marcos 14:13). Llevar el agua era trabajo de mujer y por ello ese hombre se destacaba entre las vultuosas calles de Jerusalén. Algunas personas piensan que Jesús podía ver lo que iba a ocurrir, otras que él organizó la cena de antemano. En cualquier caso, Jesús dijo a los discípulos "y donde entre decid al señor de la casa: "El maestro dice: '¿Dónde está el aposento donde he de comer la Pascua con mis discípulos?' " (Marcos 14:14). Una casa de esta índole tenía que ser propiedad de una persona con recursos. Por esto esta persona estaba arriesgando su fortuna, estatus, incluso también su vida al proporcionar un habitación a Jesús y sus discípulos.

Todo aconteció como Jesús había dicho. Pedro y Juan hicieron los preparativos en el aposento alto —probablemente la misma habitación donde, en el día de Pentecostés, ciento veinte discípulos se reunirían, serían llenos del Espíritu Santo, y hablarían en distintas lenguas. A las tres de la tarde, Pedro y Juan llevaron un cordero al templo para ser sacrificado, al igual que otras miles de personas que se dirigían al Templo con el mismo propósito todo ese día. Mientras las personas entonaban salmos, el cordero era degollado, y un sacerdote recogería la sangre en un cuenco y la vertería sobre la base de la mesa del altar. Después otro sacerdote cortaría en pedazos el cordero. Pedro y Juan recogieron la carne y regresaron a la cocina en el aposento alto, donde la condimentarían con aceite de oliva y vino y la asarían durante tres o cuatro horas. Alrededor de las siete de la tarde, Jesús y los otros discípulos se unirían a Pedro y a Juan en el aposento alto para la cena.

La celebración del Séder pascual es la conmemoración del acto salvífico más importante de Dios hacia Israel, el cual se describe en Éxodo 3-13. Los israelitas habían permanecido en esclavitud en Egipto durante 400 años, cuando Dios llamó a Moisés para que los liberara. Moisés demandó del faraón que dejara ir a su pueblo, pero el monarca egipcio se negó. Dios, entonces, envió una serie de plagas sobre Egipto, pero el faraón seguía sin inmutarse. Finalmente, Dios dijo a Moisés que traería sobre Egipto una última y terrible plaga, después de la cual el faraón permitiría al pueblo ir. Dios abatiría al primogénito de toda casa y de todo rebaño en la tierra de Egipto.

Esa noche los israelitas debían sacrificar un cordero a Dios. Con su sangre marcarían los dos postes y el dintel de sus viviendas. Cuando el ángel de la muerte visitara la tierra de Egipto, pasaría de largo de las casas marcadas con la sangre del cordero, expiando así a los primogénitos de esas casas. Deberían también asar y comer el cordero, que les proporcionaría una última comida antes de que fueran liberados.

La muerte ciertamente visitó la tierra de Egipto a media noche, desde la casa más humilde hasta el palacio del faraón. A la mañana siguiente, el país estaba abatido por el llanto. Con esta devastación, el faraón finalmente cedió. Dio orden a los israelitas que abandonaran Egipto. El pueblo de Dios se preparó para irse tan rápidamente que no tuvieron tiempo para leudar la masa de su pan y así permitir que la masa ascendiera. Como resultado el pan que se llevaron era pan sin levadura.

La salida de los israelitas constituyó el comienzo de su peregrinaje épico a través del desierto, un viaje de cuarenta años que transformaría a los israelitas en una nación y les llevaría a la Tierra Prometida. Desde ese día en adelante, los israelitas celebraron anualmente la Pascua; y esa cena sería conocida en la posteridad como la fiesta de los panes sin levadura. Éxodo 12 nos dice cómo Dios mandó a los israelitas que prepararan esta cena —que sacrificaran y asaran el cordero y que lo comieran con panes sin levadura y hierbas amargas en memoria de su liberación de la esclavitud.

"Es una cena llena de ritual", dice la Rabí Amy Katz, amiga con la que mi esposa (LaVon) y yo compartimos el Séder pascual, "desde la comida que se ingiere hasta la manera como nos sentamos". LaVon y yo hemos tenido el gozo de unirnos a la Rabí Katz en una fantástica cena Séder que incluía costilla de cordero, pollo, verduras y unos postres deliciosos. Entremezclada con la comida se incluía un diálogo expresando el simbolismo de cada plato recontando la historia de liberación de Israel. Comimos hierbas amargas —rábanos y perejil, con los que recordamos la amargura que los israelitas experimentaron cuando estaban en Egipto. Las hierbas se mojaron en agua salada, que representaba las lágrimas del pueblo. Comimos el *jaroset*, una mezcla de puré de manzanas que representa la arcilla que los israelitas utilizaban para hacer ladrillos para los edificios del faraón. Un huevo para recordarnos, al igual que a los cristianos en Semana Santa, el nuevo nacimiento y la nueva vida, el nuevo comienzo que Israel experimentó. El *matzoh* sin levadura nos recuerda las prisas con las que los israelitas dejaron Egipto. El cordero en memoria del cordero sacrificado en la primera Pascua, con cuya sangre se marcaron los postes y el dintel de las casas de los israelitas para asegurar que el ángel de la muerte "pasara de largo". Y finalmente bebimos cuatro copas de vino como recordatorio de las promesas de Dios que redimiría a los israelitas (ver Éxodo 6:6-7).

Comenzamos la celebración a las siete de la tarde y terminamos cerca de la media noche. Sin duda ésta era similar al Séder que Jesús y sus discípulos celebraron juntos. Los mismos elementos —el vino, el pan sin levadura, las hierbas amargas— estaban presentes en la mesa de aquel aposento alto. En ese caso, sin embargo, la buena comida, las buenas amistades y la historia de la liberación divina de Israel de la esclavitud se encontraban entibiadas por el profundo pesar en el corazón de Jesús. Sabía, aunque no sus discípulos, que sería la última vez que compartiría esta celebración con ellos.

El revivir esta celebración con la Rabí Katz me ayudó a entender, entre muchas otras cosas, por qué los discípulos, con sus estómagos llenos de comida y de vino tarde en la noche, se durmieron en el jardín de Getsemaní cuando Jesús oraba y les pidió que velasen. La cena me incentivó a leer más de cerca los detalles de esa última cena del Señor en los evangelios. Juan la relata con gran detalle, y nos da la escena más completa de lo que Jesús dijo esa noche. Notamos con interés que el relato de Juan es único entre los evangelios y que percibe esta última cena como un Séder "pre-pascual". Representa al Jesús que sufre en la cruz al mismo tiempo que los corderos pascuales son sacrificados (Juan 19:14) —una imagen conmovedora que le permite a Juan hacer una conjetura teológica.

Se han producido varios intentos de armonizar los eventos de los dos diferentes relatos, por mi parte dejaré que los lectores los estudien por su propia cuenta. Juan no nos dice que Jesús les dijera a sus discípulos "haced esto en memoria de mí". No describe el pan ni el vino. En vez, dedica cinco capítulos a narrar lo que Jesús enseñó y lo que oró esa tarde durante la cena. Los capítulos 13 al 17 de Juan contienen algunos de los versículos más queridos de la Biblia y describen a Jesús enseñando con su ejemplo, como cuando lavó los pies de los discípulos y les mostró que la grandeza en el reino de Dios se encuentra en el servicio a las otras personas.

Traición y arrepentimiento: Preparar nuestro corazón

La Pascua es un tiempo de fiesta y celebración, lleno de gozo mientras los participantes recuerdan que quienes estaban en esclavitud ahora eran libres, y que finalmente llegaron a ser un pueblo, el pueblo de Dios. Si la Santa Cena, la última cena de Jesús, se inició en este tono, definitivamente cambió en el transcurso de la tarde. Incluso más allá de la precognición de Jesús de lo que iba a acontecer, había gran aprensión en el aposento. Todos sabían de la escalada tensión entre Jesús y los líderes religiosos. Todos los presentes se preguntaban qué iba a pasarle a Jesús y a ellos mismos. ¿Habría repercusiones por sus acciones en el Templo? ¿Se proclamaría Jesús finalmente Mesías? Jesús interrumpió esa incertidumbre con una afirmación tan electrificante que sigue resonando a través de los siglos. "Uno de vosotros", dijo, dirigiéndoles la mirada en esa sosegada calma de la celebración del Séder, "me va a entregar" (Marcos 14:18). Sabía quién era pero no lo dijo. "¿Seré yo?" preguntaron los discípulos (Marcos 14:19). "Es uno de los doce, el que moja conmigo en el plato" (Marcos 14:20), dijo Jesús, refiriéndose probablemente al plato con el jaroset delante de ellos.

La historia de la traición se hace camino por el resto de los relatos de las últimas veinticuatro horas de Jesús. Antes de terminar esa noche, Judas le habría traicionado; Pedro le habría negado; y los discípulos le habrían abandonado, dejándolo absolutamente solo cuando se enfrentó al juicio por parte de sus enemigos.

Los ecos de la predicción de Jesús y las acciones de traición de esos cercanos a él siguen desconcertándonos. En nuestro propio tiempo, cuando líderes de la iglesia han abusado de niños y niñas, malversado fondos y más, nos damos cuenta que tales traiciones son comunes. Jesús podría bien haber dicho, "Todos y cada uno de vosotros me traicionaréis"; y con este conocimiento, debemos últimamente examinarnos a nosotros mismos.

¿Cuándo se han comportado como Judas? ¿Cuándo se han comportado como Pedro u otro de los discípulos? ¿Cuándo han traicionado, negado o abandonado a Jesús? La realidad es que todos y cada uno de nosotros, tarde o temprano, le traicionaremos.

Hace varias semanas cuando saludaba a los feligreses en el nártex de nuestra iglesia, vi a una pareja que no había venido a la iglesia desde hacía unas semanas. Me acerqué para saludarles y les dije, "Me alegro de verles". El hombre me respondió, "No he venido a la iglesia estas semanas pasadas porque sé que he desilusionado a Dios y no tuve las fuerzas para venir". Ese hombre podría ser cualquiera de nosotros. Todos hemos decepcionado a Dios en alguna ocasión y lo volveremos a hacer en el futuro.

Cuando celebramos la Santa Cena, el acto de recibir la Comunión, deberíamos recordar esta parte de su última cena, su declaración de la traición, rechazo y abandono que le seguiría. Sospecho que ésta es la razón por la que la iglesia tradicionalmente incluye un tiempo de confesión y arrepentimiento antes de repartir el pan y el vino. En las liturgias de la Santa Comunión de muchas iglesias, hay una confesión que menciona haber pecado contra el Señor "por pensamiento, palabra y de obra... por lo que hemos hecho y por lo que hemos dejado de hacer".

Un ciclo entero del calendario litúrgico cristiano está dedicado a la idea del arrepentimiento por nuestras obras de traición y abandono. La Cuaresma, para la iglesia primitiva, era el tiempo en el cual esas personas que habían negado públicamente a Cristo para evitar persecución se arrepentían y eran restauradas, se les traía de vuelta a la comunión de la iglesia y podían recibir la Santa Comunión de nuevo.

Merece la pena considerar, al estudiar el arrepentimiento y la restauración, que aunque Jesús sabía que Judas le traicionaría, que Pedro le negaría y que los otros le abandonarían, todavía les lava los pies (Juan 13:3-5) y comparte el pan y el vino con ellos —pan que representaba su cuerpo y vino que representaba su sangre. Aun sabiendo lo que ellos harían, les dijo, "ya no os llamaré siervos... pero os llamaré amigos..." (Juan 15:15). Dijo esto a todos, incluyendo a Judas. Jesús miraba más allá de su traición, sus pecados y sus faltas y les llamó amigos. Podemos consolarnos en el hecho de que hará lo mismo por nosotros.

"Esto es mi cuerpo..." (Marcos 14:12): Del Séder a la Eucaristía

Después de anunciar su traición, Jesús tomó el matzoh y lo bendijo. Pero lo que dijo después dejó a sus discípulos perplejos. Cuando partió el matzoh y lo dio a los discípulos, les dijo, "Tomad, comed; esto es mi cuerpo" (Mateo 26:26). Esto no formaba parte de la *Haggadah,* el texto que establece el orden del Séder pascual. Era una sorprendente y chocante comparación. Jesús hablaba normalmente por medio de parábolas, utilizando analogía, similitudes y metáforas. En este caso, el pan que levantó representaba su cuerpo, el cual unas horas más tarde recibiría los azotes de las tiras de un látigo, y después clavos lo perforarían y lo clavarían a una cruz romana. Como ha ocurrido en muchas ocasiones, los discípulos no entendieron la analogía o lo que iba a acontecer. Con todo, comieron ese pan.

Luego Jesús tomó la copa —probablemente la tercera de las cuatro copas de vino que los discípulos hubieran bebido en el Séder— y, otra vez, los dejó perplejos, "Porque esto es mi sangre del nuevo pacto que por muchos es derramada para perdón de pecados" (Mateo 26:28). Esta referencia a la copa de redención tampoco era parte del Séder pascual, aunque los discípulos habrían reconocido la frase "sangre del nuevo pacto". Se encuentra en Éxodo 24:8, cuando, al entrar Dios en una relación formal con Israel, Moisés toma la sangre de los becerros y la rocía sobre el pueblo y dijo, "esta es la sangre del pacto". Tal vez los discípulos recordaron lo que Dios había dicho a través de Jeremías:

> Vienen días, dice Jehová, en los cuales haré un nuevo pacto con la casa de Israel y con la casa de Judá. No como el pacto que hice con sus padres el día en que tomé su mano para sacarlos de la tie-

rra de Egipto; porque ellos invalidaron mi pacto, aunque fui yo un marido para ellos, dice Jehová. Pero este es el pacto que haré con la casa de Israel después de aquellos días, dice Jehová: Pondré mi ley en su mente y la escribiré en su corazón; yo seré su Dios y ellos serán mi pueblo. Y no enseñará más ninguno a su prójimo, ni ninguno a su hermano, diciendo: "Conoce a Jehová", porque todos me conocerán, desde el más pequeño de ellos hasta el más grande, dice Jehová. Porque perdonaré la maldad de ellos y no me acordaré más de su pecado.   (Jeremías 31:31-34)

Los israelitas han estado obligados a Dios, dice Dios a través de Jeremías, como una esposa está obligada a su marido; sin embargo, los israelitas le defraudaron, se alejaron de Dios en muchas ocasiones. Y por esto Dios dice, "Haré un nuevo pacto contigo". Seguramente Jesús tenía estas palabras en mente cuando paso la copa; y con seguridad ésta se ha convertido en la historia no sólo del pueblo hebreo, sino también de todos nosotros —una historia de nuestra fragilidad y traición y de nuestra necesidad de ser perdonados.

Cuando Jesús dijo, "esto es mi sangre del nuevo pacto que por muchos es derramada para perdón de los pecados" (Mateo 26:28), cambio todo el escenario. Transformó el Séder pascual, dando a toda persona en vez la Eucaristía: la Santa Comunión. Los israelitas llegaron a ser el pueblo del pacto por la sangre de animales; la Santa Cena fue el establecimiento del nuevo pacto por la sangre de Jesús, no sólo con las tribus de Israel, sino también con toda la humanidad. Donde el Séder fue una vez la historia de la liberación de Dios de los esclavos israelitas, de aquí en adelante sería la historia de liberación divina de toda la humanidad de la esclavitud del pecado y de la muerte. En ese momento, Dios dio a la totalidad de la raza humana nueva vida y un comienzo nuevo e hizo a las personas que quieren seguir a Jesús su pueblo, su novia. En esta cena y a través de su muerte y resurrección, Jesús invita a toda la humanidad a convertirse en el pueblo del pacto de Dios.

Las últimas veinticuatro horas en la vida de Jesús es la historia de Dios cuyo amor por su pueblo es tan grande y profundo que envió a su Hijo para dar su vida como señal y sello de un pacto que liberaría a la raza humana de la muerte. Dios, por medio de su Espíritu, inscribiría sus mandamientos en sus corazones, les perdonaría su iniquidad y nunca más se acordaría de sus pecados.

Pablo nos recuerda en su primera epístola a los corintios que Jesús dijo, "Haced esto en memoria de mí" (1 Corintios 11:25). La Santa Cena debía de repetirse en conmemoración del nuevo pacto, tal como en el Séder pascual se debía de conmemorar la acción central del acto salvífico divino de la Biblia hebrea. Esta cena, esta nueva Pascua, la Eucaristía o Santa Comunión, constituiría la perpetua memoria del amor de Dios, su gracia y el sacrificio de su Hijo. Sería la cena en la que nosotros como cristianos recordaríamos nuestra historia. Por medio de ésta nuestras vidas serían remodeladas.

Si entendemos la Santa Cena como una analogía del Séder pascual, nos conviene indagar en la tradición judía y en el ritual de esta antigua cena. Saber lo que significa para el pueblo judío y cómo afecta su vida nos ayudará a ver cómo Jesús percibía el Séder y el efecto que procuró que la Santa Comunión tuviera en nosotros.

"[El Séder pascual] es el tiempo en el que conmemoramos, como se relata en el libro de Éxodo, nuestro clamor a Dios cuando éramos esclavos y que Dios escuchó nuestro llanto y nos sacó de Egipto", dice la Rabí Katz. "Es una historia grandiosa. Es también la historia decisiva de cómo nuestro pueblo se convirtió en una nación. El propósito del Séder es hacer esta historia accesible, de la manera más clara, a toda persona que participa en la mesa. Tienen que entenderla porque es nuestra historia más importante".

La promesa del Séder, nos dice, se plasma en una estrofa que se entona tradicionalmente durante esa noche. Proviene de la

Mishná; y nos dice que en cada generación, las personas deben considerarse como si estuvieran en esclavitud en Egipto. "Comienzas como un esclavo," añade la Rabí; "y al final de la velada ya eres libre". ¿En que forma la Eucaristía cristiana ayudar al cristiano a recordar nuestra propia esclavitud y liberación?

Una cena que nos define

Al transformar la Pascua en Eucaristía, creo que Jesús tenía la esperanza que esta cena llegara a definirnos. A través de ella, recordamos que alguien nos salvó; que nuestra libertad resultó al alto precio de una vida; que Dios, caminó en carne humana, sufrió y murió por nosotros. Ésta es la historia que nosotros conmemoramos. Es una historia tremenda, y debemos entenderla si vamos a llamarnos seguidores de Jesucristo. Debemos vernos a nosotros mismos en esa cena y en esa cruz, y saber que Jesús murió por cada unos de nosotros. Cada vez que participamos del pan y del vino, esto es lo que conmemoramos; y nos transforma. Nos recuerda de dónde venimos, y define lo que somos y lo que seremos. Es un recordatorio, para los cristianos, de nuestro nacimiento como un pueblo. Nos acercamos a la cena recordando que éramos esclavos del pecado y la muerte, que vivíamos para nosotros mismos y por nuestra cuenta. Dejamos esa cena libres, al conocer a nuestro Salvador, al seguirle, al aceptar su gracia y misericordia en muestras vidas. Es una ocasión de celebración, llena de gozo porque representa nuestra salvación. La llamamos "Eucaristía" que proviene de la palabra griega que significa dar gracias. Es una cena profunda y santa, llena de buenas nuevas. Es de esta manera como debe afectarnos.

¿Qué recuerdos nos definen? ¿Hay situaciones o palabras que rondan por nuestras mentes constantemente? ¿Es el abuso que hemos sufrido cuando éramos pequeños? ¿Las palabras que dijeron nuestros padres, maestros, amistades? ¿Un trauma que no podemos poner a un lado? ¿Un hábito, actividad, o adicción que nos controla? Todo esto no debe definirnos. Hay algo más, un panorama más amplio, que nos define. Para el pueblo judío, ese panorama, que se transmite nuevamente cada año, es la memoria de la Pascua, resumida en la palabras "Fuimos esclavos pero ahora somos libres". Para nosotros como cristianos, el panorama que nos define se acompaña con una cena y unas palabras muy importantes: "El Señor Jesús, la noche que fue entregado, tomó pan; y habiendo dado gracias, lo partió, y dijo: «Tomad, comed; esto es mi cuerpo que por vosotros es partido; haced esto en memoria de mí». Asimismo tomó también la copa, después de haber cenado, diciendo: «Esta copa es el nuevo pacto en mi sangre; haced esto todas las veces que la bebáis, en memoria de mí». Así pues, todas las veces que comáis este pan y bebáis esta copa, la muerte del Señor anunciáis hasta que él venga" (1 Corintios 11:23-26).

El obispo Melitón de Sardes, en uno de los sermones cristianos más antiguos escritos fuera del Nuevo Testamento, notó que la celebración de la Pascua no solamente debía de recordar a los israelitas la obra salvífica de Dios a través de Moisés, sino que también debía dirigirles hacia lo que Dios haría por el mundo entero 1.200 años más tarde con Jesucristo.[1] De la misma forma, nosotros creemos que la Santa Comunión nos toma de vuelta a la cruz para recordarnos lo que Dios ha hecho para salvarnos; pero también señala el día en el que comeremos esa cena en el reino de los cielos. Pablo expresa el mismo pensamiento cuando nos dice que debemos tomar los elementos de forma que proclamemos la muerte de Cristo hasta que él venga de nuevo (1 Corintios 11:26).

Hay algo más que debemos rememorar cuando reflexionamos en esta última cena. Al acercarse Jesús a su muerte, encontró aliento en la presencia de sus amigos. En Lucas, leemos que

Jesús dijo a sus discípulos, "Cuánto he deseado comer con vosotros esta Pascua" (Lucas 22:15). En el relato de Juan, Jesús dijo a los discípulos cuánto los amaba y no les llamó siervos o discípulos sino amigos (Juan 15:15). En esas horas antes de que Jesús fuera arrestado, juzgado y hecho cautivo para ser crucificado, se encontraba con doce hombres que eran sus compañeros y amigos íntimos, personas con las que había orado, adorado y compartido su vida. Cuando fue a orar, sabiendo que iba a morir, les pidió a esos amigos que oraran con él.

Recordemos que estos compañeros no eran perfectos. Le habían defraudado y lo volverían a hacer. Uno de ellos incluso le traicionaría. Con todo, eran los mejores amigos que tenía, y estaban con él conforme se acercaba esa hora oscura.

Los cristianos primitivos se reunían para adorar en los atrios del Templo y se juntaban en casas en grupos pequeños, como Jesús había hecho con su grupo de amigos. Muchas iglesias de la actualidad enfatizan las reuniones de grupos pequeños porque, como Jesús, cada persona necesita amistades cercanas que se unan a nuestro peregrinaje, que nos desafíen, ayuden y apoyen en nuestra fe. Esto era importante para Jesús, y es importante para todos nosotros.

Si usted supiera que solamente le queda un día de vida, y que tendría tiempo para una última cena, ¿quiénes se sentarían con usted en esa mesa? Sin duda su familia estaría presente. LaVon y mis hijas estarían allí por mí, como también mis padres, si pudieran. Las otras personas presentes serían las de mi célula en la iglesia. Son las personas con las que me reúno para orar cada semana y para estudiar las Escrituras. Me han animado y bendecido vez tras vez todos estos años. Nos hemos visitado unos a otros en el hospital. Hemos orado los unos por los otros durante situaciones difíciles. Hemos experimentado la vida juntos, y como resultado estas personas son unos de mis compañeros más cercanos.

Me pregunto si ustedes tienen amistades espirituales como éstas, personas que oran con ustedes en tiempos difíciles, personas con las que pueden hablar de la fe, personas con las que se pueden confesar y que se pueden confesar con ustedes —personas que pueden traernos a Jesús.

Jesús necesitaba amistades como éstas. Nosotros las necesitamos también. Me viene a la mente una persona de mi congregación que encontró tales amistades en nuestro estudio para hombres. Había recaído con cáncer después de dos años y medio de estar en remisión. Durante su último año y medio de vida, cuando ya no podía asistir al grupo, estos amigos le llevaban sus cargas. Oraban por él, le animaban, le bendecían y le amaron hasta el final. Todos estuvieron presentes en el funeral, como un grupo de hermanos que habían compartido su vida.

Cuando otra persona de nuestra congregación recibió su diagnóstico de cáncer de ovario ya en fase tres, su grupo comenzó a orar y animarla. Cuando comenzó a perder su pelo durante el tratamiento, una de las personas de su grupo se presentó una noche con la cabeza rasurada. Le dijo a ella, "Me rasuraré la cabeza hasta que vuelvas a tener pelo". Era su forma de expresar, "Vamos a pasar por esto juntas porque soy tu hermana en Cristo". Ambas celebraron cuando el pelo le volvió a salir.

Amistades como éstas no surgen de la nada. Tenemos que cultivarlas. Es muy probable que nuestras iglesias locales tengan ministerios de grupos pequeños o células. Si no es así, invitemos a algunos de nuestros conocidos, vecinos o amistades a empezar un grupo. Júntense semanalmente para orar, estudiar y animarse mutuamente. Jesús necesitaba un grupo como éste, y si él lo necesitaba, ¿cuánto más lo necesitamos nosotros?

En esa última cena, Jesús se sentó con sus discípulos, un grupo de inadaptados y personas viles. Unos eran pescadores, un recaudador de impuestos que trabajaba para los romanos, un celote que quería matar romanos, una mezcla de impetuosos y de tímidos, que (como la mayoría de las personas en el primer siglo) no podían leer ni escribir. Uno le traicionaría, otro le negaría, todos le abandonarían; pero siguen siendo sus amigos. Al partir el pan con ellos, les enseñó por una última vez. Les mostró su amor. En el evangelio de Juan leemos que Jesús les lavó los pies. Les dio una comida por la que le recordarían el resto de sus vidas. Y desde ese tiempo hasta el presente, cada vez que los discípulos de Jesús han compartido estos elementos de pan y vino, les ha unido como sus seguidores y recordado que él nunca está lejos.

---

[1] "On the Passover," (Homilía de Pascua) de Melitón de Sardes; ver The Crossroads Initiative, http://www.crossroadsinitiative.com/library_article/817/On_the_Passover_Melito_of_Sardis.html. (Marzo 1, 2006)

*Esto es verdad sólo en el evangelio de Marcos (11:11). En los evangelios de Mateo y Lucas, Jesús entra en el atrio del Templo de inmediato y empieza a tumbar la mesas de los cambistas.

2. El Jardín de Getsemaní

Vinieron, pues, a un lugar que se llama Getsemaní. (MARCOS 14:32a)

Jueves por la noche
AL OTRO LADO DEL VALLE DE CEDRÓN

UN POCO DESPUÉS DE LAS ONCE de la noche ese jueves, Jesús y sus discípulos concluyeron el Séder pascual y entonaron un himno. Conocemos las palabras de ese himno porque éste, al igual que la oración de Jesús cuando bendijo los elementos, es parte del Séder. Este himno se llama el *Hallel*, palabra que significa "alabad" (constituye la raíz de la palabra *aleluya*), y se compone de una selección de versículos que provienen de los Salmos 113 y 118. Era el Hallel que el pueblo recitaba cuando clamaron cuatro días antes, "bendito el que viene en el nombre del Señor" (Mateo 21:9; ver Salmo 118:26). Es también el Hallel que leemos, "la piedra que desecharon los edificadores ha venido a ser cabeza del ángulo" (Mateo 21:42; ver salmo 118:22), pasaje sobre el que Jesús predicó durante la última semana de su vida.

No podemos dejar de preguntarnos si Jesús realmente encontró consuelo en estos versículos concretos cuando entonaba con sus discípulos este antiquísimo himno antes de dirigirse al jardín de Getsemaní:

> Desde la angustia invoqué a Jah,
> y me respondió Jah, poniéndome en lugar espacioso.
> Jehová está conmigo; no temeré
> lo que me pueda hacer el hombre....
> ¡No moriré, sino que viviré
> y contaré las obras de Jah!...
> Me empujaste con violencia para que cayera,
> pero me ayudó Jehová.
> Mi fortaleza y mi cántico es Jah,
> y él me ha sido por salvación. (Salmo 118:5-6, 17, 13-14)

Tengo la impresión de que estas palabras continuaron resonando en la mente de Jesús mientras oraba de noche en el jardín. Jesús dirigió su atención a los salmos con regularidad, inspirándose en ellos durante su ministerio público. Enseñó de los salmos, cantó salmos en la última cena, y oró utilizando los salmos cuando le crucificaron. Claramente eran una parte importante de su vida espiritual. Si queremos aprender espiritualidad de Jesús, deberemos familiarizarnos con los salmos. Al igual que Jesús, sacaremos consuelo de ciertos versículos. Los evangelios no muestran a un Jesús que recita salmos enteros, sino a un Jesús que escoge algunos versículos, y que a menudo extrae versículos bellos, nobles y elevados y los acomoda con otros de contenido menos agradable.

Los salmos representan el corazón y el alma de la Biblia, y el uso que Jesús hizo de ellos durante las últimas veinticuatro horas de su vida nos insta a familiarizarnos con su lectura. Un buen punto de comienzo será leer el Salmo 118 en su totalidad, e imaginar lo que esas palabras podrían haber significado para Jesús cuando las entonaba en esa noche de agonía.

"Todos os escandalizaréis de mí esta noche" (Marcos 14:27a)

Al salir del aposento alto, Jesús caminó con los discípulos hacia el este y después al norte por el camino que pasa por el Valle del Cedrón. A su derecha se encontraban las tumbas de los sacerdotes, profetas y gente común en las que yacían sus cuerpos, delante de Jerusalén.

Al Valle del Cedrón también se le llama el Valle de Josafat, y en Joel 3:12 se identifica con el lugar donde se producirá el Juicio Final:

> Despiértense las naciones
> y suban al valle de Josafat,
> porque allí me sentaré
> para juzgar a todas las naciones de alrededor.

Este valle representa el lugar donde todas las naciones de la tierra se reunirán para ser juzgadas por quien, en esta trágica noche, llevó a sus discípulos por este oscuro camino. Seguramente este hecho no le pasaba desapercibido a Jesús.

En la Última Cena Jesús predijo que uno de sus discípulos le traicionaría. En este momento, mientras caminaba con sus amigos, predijo que todos ellos le abandonarían. Esta predicción constituye parte del sufrimiento que Jesús experimentó esa noche. Sabía que Judas le había vendido por treinta monedas de planta y que pronto le traicionaría con un beso. Sabía que pronto sus discípulos le abandonarían y huirían para salvar sus vidas. Sabía que Pedro, a pesar de sus protestas y afirmar lo contrario, negaría que conocía a Jesús. La experiencia de ser traicionado, abandonado y negado por sus propios amigos, las personas más cercanas a él, causaría gran tristeza a cualquier ser humano. Sin duda éste era el caso con Jesús porque estas personas eran sus más allegadas, personas que habían estado con él durante tres años, que le habían visto hacer milagros y le habían escuchado predicar. Personalmente estoy muy agradecido a los escritores de los evangelio por incluir esta información en vez de omitir lo que sin duda es un testimonio del comportamiento vergonzoso de los discípulos. El simple hecho de que le fallaron al Señor me ayuda a confiar que hay gracia incluso para mí cuando le niego, le abandono y le traiciono.

No solamente encuentro consuelo en esta historia porque hasta personas cercanas a Jesús le fallaron, sino también porque Jesús sabía que esto iba a ocurrir. Siguiendo la predicción de que sus discípulos caerían, Jesús miró más allá de su traición y dijo, "después que haya resucitado, iré delante de vosotros a Galilea" (Marcos 14:28). Jesús anticipó su abandono, pero también predijo su restauración. Les volvería a acoger a pesar del hecho de que le abandonaran; y si Jesús hizo esto por ellos, también lo hará por ti y por mí.

El jardín

En la falda del Monte de los Olivos, mirando hacia el Valle de Cedrón, se halla un arboleda de olivos llamada el Jardín de Getsemaní. El jardín mira directamente al muro este del monte del Templo, a la llamada Puerta Dorada, o la Puerta Hermosa (una entrada que fue sellada en 1541 por el sultán Suleiman I). Encontramos una descripción de esta puerta en Ezequiel 44 como el lugar donde un "gobernante" entrará en el atrio del Templo. ¿Es posible pensar que Jesús decidiera orar aquí por esta misma razón?

Cerca se sitúa la Basílica de las Naciones, construida sobre otras iglesias que previamente ocupaban ese lugar y que conmemora la agonía de Jesús en el jardín y el lugar donde se producirá el Juicio Final. La basílica toma el nombre de Joel y la referencia que hace a la reunión de las naciones para ese momento específico. Al entrar en la basílica podemos imaginar la noche en la que Jesús y sus discípulos entraron en el jardín para orar. La basílica es oscura. Con decoración de estrellas en el techo. En el presbiterio se encuentra una pequeña valla de hierro que rodea una porción de una roca. La tradición establece que ése era el mismo lugar donde Jesús oró esa noche mientras esperaba a ser arrestado. Los peregrinos modernos pueden arrodillarse alrededor de esta roca para orar e incluso se puede tocar. Es una experiencia sobrecogedora que trasporta al peregrino al tiempo del primer Jueves Santo.

Al norte de esos viejos árboles y de la Basílica de las Naciones se halla una arboleda de olivos más jóvenes. No recibe muchas visitas, pero quizás nos da un sentido más verdadero en cuanto a la apariencia del jardín cuando Jesús y sus discípulos vinieron al jardín para orar. En alguna parte de la arboleda había una prensa de aceite, de aquí el nombre de *Getsemaní*.

Solamente Juan nos dice que el lugar donde Jesús oró era un "huerto" o "jardín" (Juan 18:1). También Juan es el único que nos dice que la tumba donde se enterró a Jesús estaba en un huerto (Juan 19:41) y que cuando María Magdalena vio por primera vez a Jesús resucitado, pensó que era el jardinero (Juan 20:15). Quizás la intención de Juan era la de conectar las acciones de Jesús con los sucesos que ocurrieron en otro jardín, el que se encuentra al principio de la Biblia. Dios era el jardinero que plantó el jardín llamado Edén. Y fue en ese jardín donde Adán y Eva desobedecieron a Dios y el Paraíso se perdió. Juan quiere que nos demos cuenta que Jesús, al contrario que Adán, fue fiel a Dios. Juan también quiere que veamos que lo que Jesús estaba apunto de hacer iba a abordar y dar la vuelta a los efectos de la "caída" de Adán y Eva. De hecho, Pablo nos habla de Jesús como el "postrer Adán" (1 Corintios 15:45).

"Sentaos aquí, entre tanto que yo oro" (Marcos 14:32)
La angustia de Jesús

Juan nos dice que Judas sabía donde encontrar a Jesús esa noche "porque muchas veces Jesús se había reunido allí con sus discípulos" (Juan 18:2). Lucas escribe que Jesús fue al Monte de los Olivos para orar en esa noche "como solía" (Lucas 22:39). Podríamos preguntarnos, ¿por qué iba Jesús a menudo a ese lugar? ¿Sería la belleza de la arboleda? ¿Era porque desde ahí podía ver el monte del Templo? ¿Sería porque David había subido al Monte de los Olivos cerca de ese lugar lamentándose por la traición de su hijo Absalón y su siervo Ahitofel? ¿Fue quizás para conectar con las palabras de Zacarías, el profeta, a cerca del Mesías: "En aquel día se afirmarán sus pies sobre el monte de los Olivos" (Zacarías 14:4)? O, ¿era simplemente porque se trataba de un lugar tranquilo y sereno donde Jesús se sentía particularmente cercano a Dios? Probablemente todas estas posibilidades eran ciertas. Lo que sí sabemos es que Jesús venía con regularidad a este lugar para orar, y fue allí donde regresó cuando experimentó la mayor angustia.

Al entrar en Getsemaní, Jesús dijo a sus discípulos que velaran y oraran. Entonces tomó a Pedro, Santiago y Juan aparte a otro lugar en el jardín. No dio a conocer sus sentimientos de angustia hasta que estuvo a solas con sus tres compañeros más íntimos. Es posible que sintiera la necesidad de mantenerse sereno con los otros discípulos y no dejarles percibir esta angustia incluso cuando necesitaba compartirla con alguien. Quizás sintiera que estos tres podrían entender por lo que estaba pasando.

La mayoría de nosotros entendemos lo difícil que es mantenernos serenos delante de otras personas que pasan por una crisis y necesitan de nuestro apoyo; pero también sabemos lo difícil que resulta compartir esos sentimientos de temor, ira o pena. Aún así necesitamos personas cercanas a nosotros con las que podemos compartir estos sentimientos. Necesitamos nuestros pedros, santiagos y juanes. A menudo, como Jesús con sus compañeros, no necesitamos que nuestros amigos digan cosa alguna en esos tiempos de angustia. Jesús no pidió a Pedro, Santiago y Juan ningún consejo, ni palabras de ánimo. Como ocurre con nosotros, sólo quería saber que estaban allí con él. Finalmente, Jesús comienza a revelar lo que estaba sintiendo. Mateo nos dice que "comenzó a entristecerse y a angustiarse" (Mateo 26:37). Jesús les dijo, "Mi alma está muy triste, hasta la muerte; quedaos aquí y velad conmigo" (Mateo 26:38). Entonces se alejó unos pocos pasos y "se postró sobre su rostro" para orar (Mateo 26:39). Después de un rato, regresó a sus amigos. ¿Tenía Jesús la necesidad de hablar con ellos o simplemente saber que estaban con él? No lo sabemos. Lo que si sabemos es que los encontró durmiendo, y su desilusión era clara. Le dijo a Pedro, "¿Así que no habéis podido velar conmigo una hora?" (Mateo 26:40). Fue en este contexto en el que Jesús pronunció esas famosas palabras que más que servir como una advertencia fueron una nota de gracia para sus amigos: "Velad y orad para que no entréis en tentación; el espíritu a la verdad está dispuesto, pero la carne es débil" (Mateo 26:41). Una vez más nos podemos identificar con los discípulos. Esta parte de la historia es magnífica precisamente porque nos podemos imaginar a nosotros mismos después de medianoche, durmiéndonos cuando Jesús nos necesitaba despiertos y en oración. Además de ofrecernos gracia, este pequeño detalle añade al sentido de que Jesús bebería solo de la copa de sufrimiento.

La idea de que Jesús se encontraba en angustia, rogando a Dios, resulta incómoda para muchos cristianos. A unos, esta escena evoca gran compasión. A otros, la imagen de Jesús pidiendo al Padre que aparte la copa de sufrimiento de él y su aparente ansiedad sobre la crucifixión les parece falta de nobleza y valor. Y aun a otros, esta imagen les parece indicar una falta de fe.

Quizás esperaban que Jesús se enfrentara a su tortura y muerte sin agitación o temor. Curiosamente, Lucas reduce esta historia a la mitad y parece minimizar la angustia de Jesús (aunque un editor posterior añadió al evangelio de Lucas el detalle del sudor de Jesús como gotas de sangre [Lucas 22:44], como si tratara de corregir este trato minimalista de Lucas). Juan simplemente no incluye la historia de la angustia de Jesús.

Algunos cristianos para explicar la inquietud y pesadumbre de Jesús y su "clamor de desamparo" desde la cruz ("Dios mío, Dios mío, ¿por qué me has abandonado?" [Marcos 15:34]), sugieren que no eran el fruto de su temor o falta de confianza en los planes de Dios ni de su deseo de evitar la tortura y muerte. En vez, Getsemaní y la recitación de Jesús del Salmo 22:1 desde la cruz reflejan un punto de vista particular de la Doctrina de la Expiación. Sugieren que cuando Jesús estaba clavado en la cruz, Dios puso sobre él los pecados del mundo. En ese momento, enseñan, Dios dio la espalda a Jesús y por primera vez se produjo una separación entre el Padre y el Hijo. Este "dar la espalda" se considera necesario porque Dios es santo y como tal no puede mirar directamente a los pecados del mundo incluso si están sobre su Hijo. De acuerdo con esta perspectiva, fue este darle la espalda lo que llevó a Jesús a sentirse abandonado en la cruz ("¿Por qué me has abandonado?") y la precognición de esta separación llevó a Jesús a sentir tal angustia en el Jardín de Getsemaní.

Esta idea resulta bastante convincente, pero creo que no representa con exactitud la totalidad de lo que ocurrió en la cruz y debilita el carácter de Dios. Mientras hablamos de Jesús que carga los pecados del mundo en esa cruz, la idea no es que Dios cubra literalmente a Jesús con los pecados del mundo. La idea principal es que el castigo que esos pecados merecían lo sufrió Jesús voluntariamente en esa cruz (sufrió por los pecados que él no cometió) para reconciliarnos con Dios. Dios no tenía razón alguna para dar la espalda a Jesús. Ésta era, de hecho, la acción más grande de ese amor sacrificado que podamos imaginar y parte del propio plan de Dios. Dios no apartó su vista de Jesús sino que lo miró con amor y angustia por el sufrimiento de su Hijo. Dios estaba afligido por la escena, viendo en el sufrimiento y muerte de Jesús, su Hijo, su esfuerzo por traer el mundo a Dios. Al ver esta acción, el Padre se unió al sacrificio del Hijo durante esas horas en la cruz. Pero, entonces, ¿por qué estaba Jesús entristecido y angustiado? Consideremos varias razones, cada de estas esclarecerá el significado del Getsemaní.

El "por qué" de la angustia de Jesús

Jesús podría haberse sentido angustiado porque se estaba enfrentando al diablo una vez más —el mismo tentador que buscó apartarle de su camino a la cruz al comenzar su ministerio. Quizás Jesús oía al diablo susurrarle en el oído, "¿Estás seguro se que eres el Hijo de Dios? Si no lo eres, ¿por qué vas a malgastar tu vida?", o quizás. "¿Estás seguro que Dios quiere que su Hijo padezca? Ésta no puede ser su voluntad; seguro que la has malentendido". Quizás el tentador susurró, "¿Estás seguro de que no hay otra manera de hacer esto? Sólo tienes treinta y tres años. Hay mucho más que podrías hacer con tu vida. Huye ahora; todavía hay tiempo. O simplemente diles lo que quieren oír, y te dejarán ir".

La presión mental y espiritual de tal tentación debía ser enorme. A Jesús se le ofrecía la posibilidad de no tener que sufrir. Hubiera sido fácil justificar cualquier decisión para evitar la cruz. ¿Podemos imaginar los pensamientos que pasaban por su mente? ¿A cuántas personas más podría haber ayudado si permaneciera vivo? Y los discípulos están durmiendo. No están preparados para llevar a cabo la tarea. ¿Qué pasaría si la misión de Jesús terminara en la cruz? ¿Todo este sufrimiento hubiera sido en vano?

¿Es coincidencia que Jesús orara tres veces para que pasara esa copa de él? O, ¿deben estas oraciones recordarnos las tres tentaciones que sufrió en el desierto (Lucas 4:1-13)? Hemos notado que Juan menciona que Getsemaní era un jardín o huerto, mención que nos lleva al Edén donde otros sufrieron tentación y cayeron en ella. Pero aquí, en Getsemaní, como en el desierto hace tres años, Jesús resistió la tentación, y oró a su Padre, "pero no se haga mi voluntad, sino la tuya" (Lucas 22:42).

Podemos dar otra explicación a la angustia de Jesús, o por lo menos debemos añadir otro elemento a esta última: su conocimiento del destino de Jerusalén si su conflicto con los líderes judíos iba a alcanzar su fin de esta manera. Si Jesús muriera, la mayoría de las personas no le consideraría el Mesías. Continuarían su búsqueda de esta figura. No entenderían que Dios quiere de ellos que amen a sus enemigos, y buscarían a otro mesías que les dirigiera para expulsar a los romanos.

Lo cierto es que no tuvieron que esperar mucho tiempo. Treinta años después de la muerte y resurrección de Jesús, esas personas que buscaban en un mesías un líder militar encontraron uno que les guió en una revuelta contra los romanos. La reacción romana fue implacable y cruel. Durante el período entre el 66 al 73 d.C., los romanos aplastaron y mataron a más de un millón de judíos y sus aliados. Jerusalén quedó en ruinas, y destruyeron el Templo. Jesús sabía que esto le vendría al pueblo si era crucificado. ¿Podría este pensamiento haber estado en la mente de Jesús esa noche? Recordemos que Jesús escogió orar en el Jardín de Getsemaní, desde donde podía ver la ciudad santa. Podía también divisar desde allí el Templo que sería destruido. Si esta idea nos parece fuera de lugar, recordemos la única vez que Jesús llora en el evangelio de Lucas. Sucedió cuatro días antes, en el Domingo de Ramos. Jesús descendió del monte de los Olivos. Lucas describe la escena de la siguiente manera:

Cuando llegó cerca de la ciudad, al verla, lloró por ella, diciendo: —¡Si también tú conocieras, a lo menos en este tu día, lo que es para tu paz! Pero ahora está encubierto a tus ojos. Vendrán días sobre ti cuando tus enemigos te rodearán con cerca, te sitiarán y por todas partes te estrecharán; te derribarán a tierra y a tus hijos dentro de ti, y no dejarán en ti piedra sobre piedra, por cuanto no conociste el tiempo de tu visitación. (Lucas 19:41-44)

Recordemos que unas horas antes Jesús salió del Templo para mostrarles a los discípulos los edificios del Templo y predijo que "no quedará aquí piedra sobre piedra que no sea derribada" (Mateo 24:2); y expuso su "versión reducida del apocalipsis" en la que describió con vívido detalle la destrucción del Templo de Jerusalén (Mateo 24). En el jardín, se entristeció no solamente por sí mismo sino también por lo que le iba a suceder a la ciudad, cuando preguntó al Padre si ciertamente debía de beber de esa copa.

Estas dos explicaciones de la angustia de Jesús describen el sufrimiento mental por el que pasó Jesús, pero no debemos ignorar la razón obvia de su agonía en el jardín. ¿Podemos permitirle a Jesús ser una persona como cualquier otra? ¿No declaramos en la iglesia que en Jesús, Dios se hizo humano? ¿No dijo Pablo que en Jesús el Hijo se "despojó a sí mismo" de su divinidad (Filipenses 2:7)? ¿Cómo nos sentiríamos si supiéramos que en unas pocas horas sufriremos tortura; humillación pública; y después de todo esto se nos someterá a una de las más crueles, más inhumanas y dolorosas formas de pena capital que jamás ha visto la humanidad? ¿Cómo nos sentiríamos si supiéramos que con nuestra muerte se abre la puerta a que se produzcan ciertas atrocidades? ¿Podemos sentir ahora la angustia de Jesús?

En los siguientes capítulos exploraremos la naturaleza de la humillación, tortura y muerte que le esperaban a Jesús después de beber de esta copa. Como persona, tenía buenas razones para sentirse "muy triste, hasta la muerte" (Marcos 14:34).

"No se haga lo que yo quiero, sino lo que quieres tú" (Marcos 14:36)

Sabemos cómo nos sentimos cuando Dios nos pide hacer algo que realmente no queremos hacer. Podemos sentir el llamamiento de Dios para iniciar un nuevo ministerio, dejar una relación que nos perjudica, u ofrendar generosamente a una organización. Puede que sea el llamamiento a las misiones para corto o largo plazo, o puede que sea el llamado a amar a otras personas más allá de nuestros círculos de amistades y familiares.

Una de mis feligreses sintió el llamado a enseñar en el curso Alfa, una introducción a la fe cristiana, en una penitenciaría federal; pero cuando se acercó por primera vez a las puertas y la valla de alambres en la penitenciaría de Leavenworth y entró para encontrarse con los presos federales, estaba aterrada y quería darse la vuelta. Otro feligrés sintió el llamado a ir de misionero a Honduras. Otra sintió la urgencia de comenzar un ministerio con los sin-techo. Y otro estaba seguro de que Dios le llamó a adoptar un niño del programa de acogida de niños y niñas menores de edad.

Cada una de estas personas desarrollaron momentos de ansiedad con relación a sus repuestas a Dios; y cada una se presentó en oración, como Jesús oró, "no se haga lo que yo quiero, sino lo que quieres tú". Esta oración conlleva la esencia de completa confianza. Es suficientemente directa para presentar nuestros deseos delante de Dios y suficientemente humilde y obediente para reafirmar que haremos lo que Dios nos llame a hacer, sin importar el coste.

Entre las oraciones que yo presento a Dios casi todas las mañanas está la Oración del Pacto de Juan Wesley. Comienza diciendo, "Ya no me pertenezco a mí, sino que te pertenezco a ti. Haz conmigo lo que quieras…". En otras palabras "No lo que yo quiero, sino lo que quieres tú". Esta simple oración de obediencia y confianza nos proporciona la paz que necesitamos. A través de ella, Jesús nos enseña que es aceptable expresar delante de Dios lo que deseamos y esperamos ("Aparta de mí esta copa" [Marcos 14:36b]) pero la conclusión de nuestra oración debe expresar confianza sencilla y sumisión a la voluntad de Dios ("Pero no se haga lo que yo quiero, sino lo que quieres tú" [Marcos 14:36c]).

Traicionado con un beso

Pongamos nuestra atención a la parte final de este episodio, que se desarrolla entre la una y las tres de la madrugada. En estas horas Judas, uno de los doce, llegó al jardín, y con él un grupo de personas que las autoridades religiosas enviaron para arrestar a Jesús. Al apresar a Jesús por la noche, las autoridades evitarían la posibilidad de un levantamiento en contra. Jesús sabía que el arresto se acercaba. Incluso sabía que su amigo Judas le traicionaría. Pero, ¿qué emociones sintió Jesús cuando vio a Judas acercarse a él? *¿Et tu, Brute?*

La imagen que presenta esta escena es conmovedora. Dos mil años más tarde, el nombre de "Judas" se sigue asociando con la palabra "traidor". ¿Por qué traicionó Judas a Jesús? Se han escrito muchos libros y artículos al respecto. Algunas personas creen que pretendía forzar a Jesús a que actuara, anticipando que levantaría un ejército y empezaría la revolución que Judas tanto anhelaba. Otras creen que Judas estaba desilusionado con Jesús; y otras que a Judas simplemente le interesaban las ganancias económicas. Los escritores de los evangelios nos dicen que, por cualquiera que fuera el motivo, Judas sintió remordimiento después del arresto y juicio de Jesús y que se suicidó.

Judas es un personaje trágico; y todos nosotros hemos sido alguna vez un Judas, ante Jesús y ante otras personas. Hemos notado que el mismo Judas esa noche se sentía confuso y estaba en agonía. La señal que escogió para traicionar a Jesús fue un beso.

La palabra en griego para "beso" que se utiliza en este pasaje es *philein*, una palabra que describe un afecto verdadero por otra persona. Judas amaba a Jesús, pero estaba dispuesto a traicionarle. Le amaba, pero estaba resentido con él. Le amaba, pero estaba frustrado con él. Le amaba, pero vendió a su amigo por treinta piezas de plata.

Algunas personas sugieren que Jesús perdonó a Judas al final y que ahora está en el cielo como señal de la inmensurable gracia de Dios. Otras personas no comparten esta idea. ¿Qué pensamos nosotros? Si Judas le hubiera pedido perdón a Jesús, ¿le hubiera perdonado?

Cuando se produjo el arresto, Pedro sacó una espada y le cortó a oreja a un siervo del Sumo sacerdote. (Juan nos da el nombre de esta persona, "Malco" [Juan 18:10]). Lucas, el médico, nos dice que Jesús sanó la oreja de ese siervo (Lucas 22:51), y me encanta este pequeño detalle. En la víspera de su propia tortura y crucifixión, Jesús tomó el tiempo necesario para sanar a una persona que venía a arrestarle. Después mandó a sus discípulos que guardaran sus espadas, y dijo, "porque todos los que tomen espada, a espada perecerán" (Mateo 26:52b).

Después del arresto, la pandilla que enviaron las autoridades religiosas ató de manos a Jesús. Mientras esto se producía los discípulos desaparecieron de la escena. Marcos nos dice, en lo que algunos piensan que es una nota autobiográfica, que un joven que seguía a Jesús estaba con los discípulos en el jardín. Cuando huía, alguien le agarró por la ropa. Pero éste corrió con tal ímpetu que dejó atrás su ropa y desapareció en la oscuridad de la noche, desnudo (Marcos 14:51-52). Jesús permaneció inmutable y vio a sus discípulos huir y abandonarle. Sólo Judas estaba allí. Jesús fue traicionado con un beso, y sus amigos le abandonaron. Su sufrimiento apenas comenzaba.

3. Condenado por los justos

Trajeron, pues, a Jesús al Sumo sacerdote; y se reunieron todos los principales sacerdotes, los ancianos y los escribas... Los principales sacerdotes y todo el Concilio buscaban testimonio contra Jesús para entregarlo a la muerte, pero no lo hallaban,...

Pero él callaba y nada respondía. El Sumo sacerdote le volvió a preguntar: —¿Eres tú el Cristo, el Hijo del Bendito? Jesús le dijo: "Yo soy; y veréis al Hijo del hombre
sentado a la diestra del poder de Dios
y viniendo en las nubes del cielo".

Entonces el Sumo sacerdote, rasgando su vestidura, dijo: ¿Qué más necesidad tenemos de testigos? Habéis oído la blasfemia; ¿qué os parece? Y todos ellos lo condenaron, declarándolo digno de muerte. Entonces algunos comenzaron a escupirlo, a cubrirle el rostro, a darle puñetazos y a decirle: «¡Profetiza!». También los guardias le daban bofetadas.

Estando Pedro abajo, en el patio, vino una de las criadas del Sumo sacerdote, y cuando vio a Pedro que se calentaba, mirándolo, le dijo: Tú también estabas con Jesús, el nazareno. Pero él negó, diciendo: No lo conozco, ni sé lo que dices. Y salió a la entrada, y cantó el gallo. Pero él volvió a negarlo. Poco después, los que estaban allí dijeron otra vez a Pedro: Verdaderamente tú eres de ellos, porque eres galileo y tu manera de hablar es semejante a la de ellos. Entonces él comenzó a maldecir y a jurar: ¡No conozco a este hombre de quien habláis! Y el gallo cantó la segunda vez. Entonces Pedro se acordó de las palabras que Jesús le había dicho: «Antes que el gallo cante dos veces, me negarás tres veces». Y pensando en esto, lloraba. (MARCOS 14:53, 55, 61-68, 70-72)

Jueves después de la media noche
LA CASA DEL SUMO SACERDOTE

DESDE DONDE ESTABA, Jesús podía divisar sobre el Valle de Cedrón el muro del Templo, donde había estado enseñando esa semana. Las personas de la multitud que le adularon a gran voz el domingo dormían después de la celebración de la Pascua. Los discípulos que compartieron su vida desde que les llamó a seguirle en la orilla del mar de Galilea huyeron durante el caos que siguió a su arresto. Ahora, encadenado de manos y pies por los guardas del Templo, lo llevaban de vuelta a los muros de la ciudad.

La compañía pasó de nuevo por las tumbas de los antiguos sacerdotes —tumbas que todavía siguen allí— y los pórticos donde el libro de Ezequiel dice que el Mesías un día pasaría. Dejaron a un lado el Templo, más abajo del pináculo elevado donde, se nos dice, Jesús fue tentado por el diablo, quien desafió a Jesús a que se arrojara al vacío para probarle, para que los ángeles vinieran en su socorro y desvelara que él era efectivamente el Mesías. Bajaron por el valle; y comenzaron a empujar y tirar de Jesús para subir la colina de Sión, para cruzar por la cuidad baja de David, la cual ese gran rey edificó más de mil años antes. Subieron la larga escalera que lleva a la parte alta de la ciudad —estas escaleras se encuentran parcialmente intactas hoy día. Los turistas pueden subir y bajar por ellas, y así recordar y recrear la caminata de Jesús en esa noche. Yo las he subido, caminando descalzo sobre esas losas, e imaginando aquella noche. Finalmente, después de una caminata de veinte minutos se hallaban como a un kilómetro y medio del jardín, los guardas llevaron a Jesús dentro de la casa de Caifás, el Sumo sacerdote. Mientras tanto, dos de los discípulos de Jesús, Pedro y Juan, hicieron acopio del suficiente coraje para seguirle a distancia, escondiéndose entre las sombras, poco confiados y con miedo.

El juicio de Jesús ante Caifás

Una vez bajo custodia, el Sanedrín —el consejo de ley judía— se reunió con urgencia en el sala grande de lo que sin duda era un palacio en el que se acomodaba el Sumo sacerdote. Hoy día, en el lugar donde se cree que este palacete estaba erecto se levanta la Iglesia de San Pedro Gallicantu– palabra latina que significa "canto de gallo". Escavada en el suelo hay una celda, un hoyo de piedra muy frío que en su origen era una cisterna; y se piensa que era el lugar donde se puso a Jesús —al que descendieron por un orificio superior del hoyo— por primera vez cuando el Sanedrín debatía su castigo y otra vez para esperar a ser llevado ante Poncio Pilato después de la madrugada. No nos es difícil imaginar a Jesús orando las palabras del Salmo 88:1-4:

> Jehová, Dios de mi salvación,
>   día y noche clamo delante de ti.
> ¡Llegue mi oración a tu presencia!
>   ¡Inclina tu oído hacia mi clamor!,
> porque mi alma está hastiada de males
>   y mi vida cercana al seol.
> Soy contado entre los que descienden al sepulcro;
>   soy como un hombre sin fuerza,

El Sanedrín era un consejo formado por setenta y uno ancianos a quienes se consideraba los más sabios y piadosos. El origen del concilio viene de Números 11:16, donde Dios manda a Moisés que junte a setenta ancianos o líderes para que se unieran a él en el gobierno de Israel en el nombre de Dios. En el tiempo de

Jesús, setenta y un hombres dirigían los asuntos religiosos del pueblo al mismo tiempo que los romanos dirigían los asuntos políticos. El Sanedrín controlaba el Templo y las cortes religiosas. Eran hombres que se habían consagrado a Dios, y su Sumo sacerdote era el líder religioso de su tiempo.

El Sanedrín generalmente se reunía durante el día en los atrios del Templo, pero no durante las festividades religiosas. El hecho de que se reunieran en el palacio del Sumo sacerdote, por la noche, durante la fiesta del pan sin levadura, nos indica lo poco común de esta situación y la urgencia y discreción que creían era necesaria cuando trataron con Jesús.

Tenemos que retraernos de esta escena por un momento para apreciar su importancia y su trágica ironía. Los cristianos creen que en Jesús, Dios caminó físicamente en la Tierra. En cierta forma era como si un emperador que con el deseo de conocer a sus súbditos, se vistiera con ropa normal y viviera entre ellos, sin que nadie le reconozca ni le entienda. El Dios del universo decidió descender y andar entre nosotros como un predicador itinerario, maestro, carpintero, curandero —y como un indigente. Vino como uno de nosotros. Sanó al enfermo, perdonó pecados, mostró compasión con los estaban perdidos y enseñó al pueblo cómo es realmente Dios. No debemos pasar por alto la ironía de todo esto: no fueron los "pecadores" los que arrestaron a Dios cuando andaba entre nosotros. Los que le pusieron bajo custodia y le juzgaron eran las personas más piadosas y religiosas de la época. El Dios que decían servir caminó entre ellos como una persona más, y ellos no pudieron reconocerle. Estaban tan ciegos por su amor al poder y por el temor de perderlo que lo pasaron por alto. Las personas de las que se esperaría que reconocieran y aclamaran a Jesús, en vez, lo arrestaron, lo encerraron en un lugar oscuro y lo trajeron a juicio. Trajeron a Dios a juicio por blasfemia. El testimonio de Jesús diciendo que él era en efecto el Mesías les desquició; y le juzgaron culpable, condenaron a Dios de un crimen que merecía la pena de muerte —¡blasfemia contra sí mismo! Le escupieron, le cubrieron los ojos y le golpearon (Marcos 14:65). "Profetízanos, Cristo", le gritaban, "quién es el que te golpeó" (Mateo 26:68). Después le entregaron a los guardas quienes le golpearon todavía más (Marcos 14:65). La pregunta que nos debemos hacer es, "¿Cómo es que esto sucedió?". ¿Cómo es que setenta y una personas justas, dedicadas al servicio de Dios, hicieron tal atrocidad? ¿Por qué condenaron a muerte a una persona inocente? Incluso si pensaron que se trataba de un falso mesías, ¿por qué personas tan piadosas, pilares de la comunidad, le escupieron? ¿Por qué le vendaron los ojos, le humillaron y le golpearon?

La respuesta a estas preguntas, creo firmemente, es el temor. Estas personas vieron a Jesús como una amenaza a su forma de vida, su posición de autoridad, su estatus frente a resto de los judíos. Habían visto a las multitudes aglomerarse a su alrededor y les escucharon decir, "¿Qué es esto? ¿Qué nueva doctrina es ésta, que con autoridad manda aun a los espíritus impuros, y lo obedecen?" (Marcos 1:27). Jesús era una amenaza para el orden social.

La reacción de Caifás, el sumo sacerdote, fue de igual índole a esa percibida amenaza. Podemos imaginarnos que dijo: "Este hombre es peligroso. Si el pueblo continúa congregándose a su alrededor, los romanos empezarán a indagar y meter las manos en nuestros asuntos; y quién sabe lo que harán a nuestra gente. Esta situación podría resultar en algo trágico para la nación entera, y para nosotros. Es mejor que un hombre muera en vez del sufrimiento de todo el pueblo. Jesús debe morir".

Esta idea no fue difícil de transmitir a los otros. Su miedo e inseguridad inherentes actuaron en ellos, les carcomió; y el temor engendra odio, el cual muy a menudo lleva a acciones trágicas e inhumanas. Esta parte de la historia no es solamente acerca de setenta y un judíos piadosos del siglo I de nuestra era. Es una historia sobre la condición humana.

El resultado intoxicante del temor

Todos nacemos con temor. Por un lado es un mecanismo que Dios nos ha dado para autoprotegernos; a esto lo llamamos el instinto de conservación. Este mecanismo puede servirnos de ayuda en situaciones peligrosas. Se dan ocasiones en las que tenemos que luchar, reaccionar para ponernos a salvo; y hay ocasiones en las que tenemos que correr lejos de una situación de peligro. Desafortunadamente, nuestro instinto de conservación está emparejado con nuestro instinto para cometer trasgresiones. Hay algo en todos nosotros que está quebrado. Tenemos la inclinación a hacer lo incorrecto, a retorcer lo que es bueno, a no utilizarlo correctamente y distorsionarlo. Esto lo sabemos.

Cuando dirigimos la vista al Sanedrín y el trato que le dieron a Jesús, consideremos las maneras en las que esta historia se conecta con nosotros. El miedo ejerce su obra virulenta en todos nosotros. ¿Cuán a menudo es el miedo una motivación para actuar en nosotros? ¿En qué maneras nos guía y dirige el miedo, individualmente y como nación, a hacer lo incorrecto —lo que es impensable— y terminamos justificando esas horribles acciones?

¿En que manera constituyó el miedo parte de los juicios en Salem en 1692 o en el "pánico rojo" de Joseph McCarthy en 1952? ¿Qué papel jugó el miedo en las leyes del apartheid en Sudáfrica o en las leyes de Jim Crow en los EE. UU.? ¿De que manera el miedo formó la política de los EE. UU. durante la era de la Guerra Fría y después del 11 de septiembre? ¿Cómo nos ha influido el miedo ha hacer cosas que después hemos reprochado?

Debemos estar conscientes del poder del temor, y no debemos olvidar las lecciones que nos enseña la historia. Todos nosotros, si dejamos que nuestro llamado a amar se eclipse por nuestro temor innato, seremos capaces de apoyar y hacer cosas indecibles. Cuando leemos la historia del juicio de Jesús ante el Sanedrín, me pregunto, "¿Me hallaría a mí mismo entre esos que, por temor e inseguridad y el odio que esos sentimientos engendraron, hallaron a Jesús culpable de crímenes merecedores de la pena de muerte?

Algunos de mis amigos que no comparten mis creencias religiosas me dicen que creerían en Dios si se les apareciera, si viniera y llamara a sus puertas. Dios ya lo hizo, y ésta fue la respuesta de la humanidad. Si nosotros o mis amigos hubiéramos estado allí, me temo que hubiéramos participado en esas mismas acciones. Me veo a mí mismo en el Sanedrín. Me asusta pensar que seguramente hubiera tomado la misma decisión. Los predicadores conocemos el temor de cerca. Es fácil utilizar el miedo para motivar a nuestros feligreses, y es algo con lo que tenemos que ser muy cuidadosos. Los políticos lo conocen también —simplemente prestemos atención a lo que dicen en los noticieros. Desafortunadamente esas tácticas funcionan demasiado bien.

Lo que no debemos preguntarnos en nuestra vida privada y en nuestra vida pública como cristianos es "¿Qué acción nos hará sentirnos más seguros?", sino "¿Qué acción resultará en una muestra mayor de amor?" Siendo así, el amor prevalecerá en maneras que el temor, el odio y la violencia simplemente no pueden. Esto es lo que las Escrituras nos enseñan en cuanto a la forma de actuar de Dios. Recordemos el pasaje en 1 Juan:

Dios es amor, y el que permanece en amor permanece en Dios y Dios en él. En esto se ha perfeccionado el amor en nosotros, para que tengamos confianza en el día del juicio, pues como él es, así somos nosotros en este mundo. En el amor no hay temor, sino que el perfecto amor echa fuera el temor, porque el temor lleva en sí castigo. De donde el que teme, no ha sido perfeccionado en el amor.
Nosotros lo amamos a él porque él nos amó primero. Si alguno dice: «Yo amo a Dios», pero odia a su hermano, es mentiroso, pues el que no ama a su hermano a quien ha visto, ¿cómo puede amar a Dios a quien no ha visto? (1 Juan 4:16b-20)

Estoy seguro de que por lo menos algunos de esos setenta y un miembros del Sanedrín cuestionaron si condenar a Jesús a muerte era la decisión correcta. Algunos se preguntarían si este hombre no era en efecto el Mesías. Pero no encontramos nada en los evangelios que indique que persona alguna en ese concilio, a parte de José de Arimatea, estuviera en desacuerdo cuando pidieron a Pilato la sentencia de muerte para Jesús. Esto nos indica otro hecho de la condición humana: resistir a esos en liderazgo o en mayoría, incluso cuando se piense que lo que piden no está bien, es difícil en extremo. Cuando el ciclón está en movimiento, tendemos a temer contradecirlo y resistirlo. He visto esta reacción en mí mismo de vez en cuando. Ha habido ocasiones en las que personas con autoridad dicen, "Así es como debemos hacerlo", y no presenté oposición por miedo a ser ridiculizado. Seguramente había personas en el Sanedrín que más tarde dijeron, "¿Por qué no dije nada?"

Martin Niemöeller, un pastor luterano en la Alemania nazi durante la Segunda Guerra Mundial, vio las transgresiones cometidas contra los judíos y al principio decidió no objetar. Más tarde comenzó a hablar contra lo que había visto. Estas palabras atribuidas a Niemöller expresan de forma conmovedora su análisis de la situación: "Primeramente vinieron por los comunistas y no dije nada porque no era comunista. Después vinieron por los judíos y no dije nada porque no era judío. Después vinieron por los católicos y no dije nada porque era protestante. Finalmente vinieron por mí y para entonces ya no quedaba nadie que pudiera decir algo".

También me viene a la mente una cita de un filósofo y político británico del siglo XVIII, Edmund Burke: "Lo único que se necesita para que la maldad triunfe es que las personas buenas no hagan nada".[1] Quedarnos callados, hacer nada cuando vemos algo que no está bien, es pecado.

Nadie levantó su voz en el Sanedrín. Nadie preguntó, "¿Es esto consistente con nuestra fe?" Cuantas veces durante nuestra historia reciente ha ocurrido lo mismo —durante el holocausto, en la América de Jim Crow, en Sudáfrica, en Abu Ghraib, en nuestra generación. ¿Cuántas veces sabíamos que se estaba haciendo algo malo y tuvimos miedo de levantar la voz? No hablo de simplemente señalar los pecados de otras personas. Todos conocemos a esos cristianos que señalan las faltas de otros; no están mostrando valor, simplemente quieren ofender. Me refiero a esas situaciones en las que somos parte de un grupo que está a punto de hacer o decidir algo que claramente es erróneo o cuando vemos que se hacen injusticias contra alguien y todo lo que tomaría para deshacer esta maldad es una persona que levante la voz, pero todos los presentes se mantienen en silencio. ¿Qué hubiera pasado si una, dos o tres personas del Sanedrín hubieran simplemente dicho, "Esto no está bien, independientemente de lo que pensemos de este hombre. Esta acción no corresponde con lo que Dios nos enseña"? En nuestra situación deberíamos decir, con gran humildad a pesar de nuestro temor, "Mirad, no creo que esto esté bien". En ese momento clave cuando el "digamos algo" y el "no nos atrevemos a decir algo" son pensamientos que pasan por nuestra mente, debemos decir algo y hablar.

"Yo soy" (Marcos 14:62)

En medio de esa tempestad permanecía Jesús y escuchaba a esos hombres "piadosos" argumentar razones para poder matarle. Veía la frustración de sus jueces cuando los testigos que trajeron relataban historias contradictorias. De acuerdo con la ley judía, dos personas deben de coincidir en sus testimonios para que el consejo pueda producir un veredicto de culpabilidad; y no había acuerdo. Finalmente, miraron a Jesús; y el Sumo Sacerdote dijo, "¿Eres tú el Cristo, el Hijo del Bendito?"

(Marcos 14:61). Todo lo que Jesús tenía que hacer era permanecer en silencio, y no podrían culparle; sin embargo, Jesús contestó y lo hizo con una respuesta que fue considerada blasfema por los judíos y traición por los romanos.

La respuesta de Jesús a esta pregunta en cuanto a su identidad nos trae a la mente tres alusiones del Antiguo Testamento, cada una de las cuales aseguró la condena del Sanedrín. Consideremos cada una. La primera respuesta de Jesús resulta fácil de entender, es una respuesta simple y literal a la pregunta, "¿Eres tú el Cristo?" Marcos nos dice que su respuesta fue: *Ego eimi* (en griego) o "Yo soy" (Marcos 14:62). Caifás, sin embargo, sabía que esta respuesta no era una simple declaración. La respuesta directa hubiera sido "Yo soy él", "Soy el Ungido", o incluso "Soy el Mesías". Pero ese simple "Yo soy" en griego parece responder a algo más profundo. En el evangelio de Juan encontramos esta respuesta de Jesús vez tras vez, y los eruditos se refieren a ellas como los dichos "Yo soy" de Jesús. La importancia de estas palabras es que nos lleva a un pasaje clave en el libro de Éxodo, donde, 1200 años antes de Jesús, Moisés vio una zarza ardiente de la que surgió la voz de Dios. Cuando Moisés preguntó a Dios su nombre para poder contárselo a los israelitas que estaban en Egipto, Dios le respondió, "YO SOY EL QUE SOY" (Éxodo 3:14). "Yo soy" no es simplemente la primera persona singular del verbo "ser"; en hebreo es el nombre personal de Dios. En hebreo, probablemente se pronunciaba Yahvé, aunque se ha traducido incorrectamente como Jehová. Cuando Dios reveló su santo nombre a Moisés, pienso que decía, "Yo soy el origen de toda vida" y "La acción y hecho de SER proviene de mí".

Al escribir Marcos que las primeras palabras de Jesús frente al Sumo sacerdote fueron "Yo soy", pienso que el escritor quería que los lectores notasen esa conexión entre Jesús y el Padre. Marcos estaba afirmando lo que Juan escribió en su prólogo: "En el principio era el Verbo, el Verbo estaba con Dios, y el Verbo era

Dios. Éste estaba en el principio con Dios. Todas las cosas por medio de él fueron hechas, y sin él nada de lo que ha sido hecho fue hecho. En él estaba la vida, y la vida era la luz de los hombres" (Juan 1:1-4). Por esta afirmación de Jesús, Caifás rasgó sus vestiduras y proclamó a Jesús culpable por blasfemia. Pero Jesús no había terminado. Después Jesús añadió, "Y veréis al Hijo de Hombre sentado a la diestra del poder de Dios y viniendo en las nubes del cielos", una referencia que comienza en Daniel 7:13. Jesús contaba con que Caifás terminara el resto de la referencia en su mente:

> Miraba yo en la visión de la noche, y vi que con las nubes del cielo venía uno como un hijo de hombre; vino hasta el Anciano de días, y lo hicieron acercarse delante de él. Y le fue dado dominio, gloria y reino, para que todos los pueblos, naciones y lenguas lo sirvieran; su dominio es dominio eterno, que nunca pasará; y su reino es uno que nunca será destruido. (Daniel 7:13-14)

Delante del Sanedrín Jesús se identificó a sí mismo como el Mesías que se describe en este pasaje de Daniel, y señaló que su gloria —su reinado sobre toda la tierra— vendría en el futuro, y no en el presente tal como los judíos esperaban. Jesús estaba diciendo que cuando el Mesías venga, reinará; y Dios Padre le otorgará el dominio, autoridad y poder sobre todas las personas. Su voluntad sería hecha, y en ese día todas las naciones y pueblos le adorarían —algo exclusivamente reservado para Dios.

Jesús también le dijo a Caifás que vería al Hijo del Hombre "sentado a la derecha del poder de Dios" (Marcos 14:62), que es una alusión al Salmo 110:1-4, donde leemos:

> Jehová dijo a mi Señor:
> «Siéntate a mi diestra,
> hasta que ponga a tus enemigos
> por estrado de tus pies».

Jehová enviará desde Sión
   la vara de tu poder:
«¡Domina en medio de tus enemigos!
Tu pueblo se te ofrecerá voluntariamente
   en el día de tu mando,
   en la hermosura de la santidad.
Desde el seno de la aurora
   tienes tú el rocío de tu juventud».
Juró Jehová
   y no se arrepentirá:
«Tú eres sacerdote para siempre
   según el orden de Melquisedec».

Dos veces en los evangelios leemos que Jesús citó este salmo (en Mateo 26:64; Marcos 14:62), dirigido a David; y ambas veces lo aplicó a sí mismo, proclamándose él mismo como el heredero profético de su promesa. En este pasaje, el Señor (Yahvé) habla a Jesús, y lo sienta a su diestra para reinar. Los enemigos son esas personas en la misma sala y que vendrán a ser su reposapies. Sin lugar a duda los miembros del Sanedrín un vez más se enfurecieron cuando recitaban el Salmo en sus mentes.

La referencia a Melquisedec nos trasporta 1.600 años antes del tiempo de Jesús. Melquisedec fue el rey que trajo pan y vino y se lo ofreció a Abraham, que había derrotado a los enemigos de Melquisedec. El nombre "Melquisedec" en hebreo significa "Rey de Justicia", y su ofrenda predice el pan y vino que Jesús nos ofrece en la Eucaristía. Melquisedec es rey y sacerdote, así como Jesús que es rey de justicia y que actúa como sacerdote al ofrecerse a sí mismo como sacrificio por su pueblo. Jesús se identificó a sí mismo como aquel del cual se habló en el tiempo del salmista y se presagió en la figura del misterioso Melquisedec.

Con esta frase —tres afirmaciones— Jesús nos dice que era el Mesías, el elegido de Dios y aludía a una relación muy especial entre él y Dios. Jesús no fue meramente un maestro extraordinario. No fue simplemente un hacedor de milagros. Tampoco fue el mesías político que el pueblo esperaba. Se proclamaba a sí mismo como uno que se asociaba íntimamente con Yahvé, decía ser el Hijo del Hombre prometido que regresaría de los cielos, con el poder para reinar sobre todas las personas y que está sentado a la diestra de Dios, ejerciendo de sacerdote y de rey. Los miembros del Sanedrín, después de escuchar lo suficiente para considerar con seriedad estas afirmaciones de parte de Jesús, rasgaron sus vestiduras ante tal audacia. De hecho expresaron, "¿qué más necesidad tenemos de testigos? Habéis oído la blasfemia y es digno de muerte". Así se le condenó a Jesús.

"No conozco a este hombre" (Marcos 14:71)

El acto final de esta parte del drama se produciría en el atrio, en la fogata donde Pedro se estaba calentando. Sabemos que es lo que va a acontecer —Pedro va a negar a Jesús, hecho por el que hoy día seguimos recordando a Pedro. Sin embargo, aún cuando es fácil juzgarle por negar a Jesús y le consideremos un cobarde, es importante que admitamos el valor que Pedro había mostrado hasta ese punto.

Cuando los guardas arrestaron a Jesús en el jardín de Getsemaní, fue Pedro el que desenvainó su espada y estuvo dispuesto a luchar contra un destacamento de guardas armados. De hecho, le cortó la oreja a uno de los siervos del Sumo sacerdote. Jesús le dijo a Pedro "Mete tu espada en la vaina. La copa que el Padre me ha dado, ¿no la he de beber?" (Juan 18:11). Puede ser que Pedro se sintiera confuso, pero fue el discípulo que mostró suficiente valor para proteger a Jesús.

En los evangelios de Mateo, Marcos y Lucas, leemos que conforme se llevaban a Jesús, los discípulos huyeron, con la excepción de Pedro, quien siguió a los guardas cuando conducían a Jesús a la casa de Caifás. Se escondió en las sombras, pero se armó de valor y entró en el atrio interno de la casa del Sumo sacerdote para ver que es lo que estaba pasando. ¿Podemos percibir el coraje y valor que tomó tal acción? ¿Hubiéramos entrado en ese atrio sabiendo que se podíamos ser condenados a muerte por ser discípulos de Jesús?

Con todo, el valor de Pedro le duró hasta cierto momento. Mientras se calentaba en el fuego, estaba al lado de los guardas del Templo cuando el juicio contra Jesús se desarrollaba; probablemente hizo todo lo posible para pasar desapercibido. Pero entonces, una de las criadas empezó a atraer atención hacia él, y se empezó a poner nervioso. "Tú también estabas con Jesús, el nazareno", le dijo con seguridad. En ese momento el temor se apoderó de él. Sabía que corría peligro, Pedro no admitiría ser uno de los discípulos de Jesús.

"No lo conozco, no sé lo que dices" (Marcos 14:68); y salió del atrio interior al exterior. La mujer le siguió y volvió a decir, con firmeza, "Este es uno de ellos" (Marcos 14:69). Otra vez Pedro lo negó. Finalmente, un grupo de personas que le habían estado observando, y que notaron su acento tan característico de Galilea, se le acercaron y dijeron, "Verdaderamente tú eres uno de ellos, porque eres galileo y tu manera de hablar es semejante a la de ellos" (Marcos 14:70).

Pedro comenzó a maldecir y jurar, "No conozco a este hombre de quien habláis" (Marcos 14:71). En ese preciso momento un gallo cantó por segunda vez, y Pedro recordó lo que Jesús le había dicho, "Antes de que el gallo cante dos veces, me negarás tres veces" (Marcos 14:72). Lucas nos dice que en ese instante, Jesús miró desde la sala a Pedro; y cuando sus miradas se cruzaron, ese pescador tosco, ese líder fuerte de los discípulos de Jesús, no pudo contenerse y lloró (Lucas 22:61-62).

Este incidente es uno de los pocos que se mencionan en los cuatro evangelios, por esto los escritores debían de haber considerado este hecho de suma importancia. No lo incluyeron para avergonzar a Pedro. Los evangelios se escribieron, de hecho, después de la muerte de Pedro, que de acuerdo con la tradición, fue crucificado boca abajo por su fe. Los evangelistas conocían la historia porque el mismo Pedro habría contado una y otra vez ese terrible episodio en su vida. Ninguno de los otros discípulos, con la excepción de Juan, estuvo presente. Pedro lo habría contado en sus predicaciones. Pedro habría dicho con seguridad, "Sé que habéis negado a Jesús. Yo lo hice también. Le negué de una manera de la que me avergüenzo profundamente, y aún así tengo que compartir con vosotros que traicioné al Señor, pero él me dio gracia. Me volvió a aceptar. Y si vosotros le habéis negado, también os volverá a aceptar". Pedro quería reafirmar a otros creyentes de que a pesar del hecho de que a veces todos nosotros negamos al Señor, Jesús sigue aceptándonos de vuelta y nos utiliza para llevar a cabo sus propósitos. Desde ese momento Pedro nunca volvió a negar a Jesús.

Dicen que cualquier creyente que visita la Tierra Santa, inevitablemente tarde o temprano se trasladará en el tiempo y experimentará la historia del evangelio. En mi caso, esto ocurrió la primera noche de mi primer viaje a la Tierra Santa. Era marzo, alrededor del tiempo en que Jesús fue arrestado. Estábamos en un hotel en lo alto del Monte de los Olivos, con vistas a la Ciudad Santa, Jerusalén. No podía dormir y, aunque era bastante oscuro, me vestí, y fui fuera a la entrada del hotel y me senté en un banco bajo un olivo. Sentía frío y me puse a pensar en Pedro cuando intentaba calentarse en la fogata en el atrio del Sumo sacerdote. Mientras me sentaba allí absorto en mis pensamientos, de alguna parte abajo del monte oí cantar a un gallo. De repente pasaron por mi mente todas las veces que había negado a Jesús. Le he negado cuando he dicho o hecho cosas que conscientemente sabía no estaban de acuerdo con su voluntad, cuando caí en pensamientos u obras contrarias a mi fe, cuando estaba más preocupado por lo que otras personas pensaban en vez de lo que pensaba Jesús de mí, cuando temía defender una posición o ser contado como uno de sus discípulos, o cuando hice algo que sabía que estaba mal porque otras personas me persuadieron a hacerlo. Me quedé sentado allí en el Monte de los Olivos en el frío de esa noche primaveral y degusté por un momento el sabor de la angustia y vergüenza que hicieron llorar a Pedro.

Podemos aprender algunas lecciones de todos los que participaron en el juicio de Jesús ante Caifás. Los miembros del Sanedrín ilustran claramente la tendencia humana de permitir que el temor nos impulse a hacer lo que sabemos está mal. En su caso, fue condenar a Jesús, cuando le cubrieron los ojos y le golpearon, y el silencio de esos que sabían que estas acciones estaban mal. El testimonio de Jesús nos enseña quién realmente era Jesús y quién es. Él es más que maestro extraordinario, más que un profeta. Él es el ¡Yo soy!, el sacerdote y rey que descenderá un día de las nubes para reinar sobre todos. La negación de Pedro nos recuerda a los que hemos respondido al llamado de seguir a Cristo que a veces somos tentados a negar que incluso le conocemos. Y sirve como invitación para que seamos contados entre sus seguidores, independientemente del precio que tengamos que pagar.

---

[1] Edmund Burke; ver, http://www.quotationspage.com/quotes/Edmund_Burke/. (Marzo 14, 2006)

4. Jesús, Barrabás y Pilato

Muy de mañana, habiendo tenido consejo los principales sacerdotes con los ancianos, con los escribas y con todo el Concilio, llevaron a Jesús atado y lo entregaron a Pilato. Pilato le preguntó: ¿Eres tú el Rey de los judíos? Respondiendo él, le dijo: Tú lo dices. Y los principales sacerdotes lo acusaban mucho. Otra vez le preguntó Pilato, diciendo: ¿Nada respondes? Mira de cuántas cosas te acusan. Pero Jesús ni aun con eso respondió, de modo que Pilato quedó muy extrañado.

En el día de la Fiesta les soltaba un preso, cualquiera que pidieran. Y había uno que se llamaba Barrabás, preso con sus compañeros de motín que habían cometido homicidio en una revuelta. Viniendo la multitud, comenzó a pedir que hiciera como siempre les había hecho. Pilato les respondió diciendo: ¿Queréis que os suelte al Rey de los judíos?, porque sabía que por envidia lo habían entregado los principales sacerdotes. Pero los principales sacerdotes incitaron a la multitud para que les soltara más bien a Barrabás. Respondiendo Pilato, les dijo otra vez: ¿Qué, pues, queréis que haga del que llamáis Rey de los judíos? Y ellos volvieron a gritar: ¡Crucifícalo! Pilato dijo: ¿Pues qué mal ha hecho? Pero ellos gritaban aun más: ¡Crucifícalo! Pilato, queriendo satisfacer al pueblo, les soltó a Barrabás, y entregó a Jesús, después de azotarlo, para que fuera crucificado. (MARCOS 15:1-15)

Viernes por la mañana
7:00
LA TORRE ANTONIA

JUSTO DESPUÉS DEL AMANECER, ataron a Jesús una vez más y le sacaron del palacio del Sumo sacerdote. Los líderes espirituales que constituían el Sanedrín le habían juzgado y hallado culpable de blasfemia y decidieron que merecía la pena de muerte. Ellos no tenían autoridad para ejecutarle (la pena de muerte era prerrogativa romana), así que decidieron llevarle a la autoridad que tenía ejercía tal poder: Poncio Pilato, el gobernador romano. Sabían que el fallo por blasfemia no era razón suficiente para Pilato; pero sabían que si Jesús decía ser el Mesías, estaría afirmando que era rey, el Ungido que gobernaría sobre su pueblo. Los romanos prestarían atención a esta acusación pues implicaría a sus ojos que alguien planeaba una insurrección. Los romanos no perdían el tiempo con tales personas, a quienes torturaban y crucificaban rápidamente.

Así, pues, conforme amanecía en Jerusalén, llevaron a Jesús por las calles hasta la Fortaleza Antonia de Pilato, a unos trescientos cincuenta metros de distancia. La multitud que le siguió se formaba del Sanedrín y de otras personas que recibieron noticia del arresto de Jesús, como su madre, su discípulo Juan y probablemente Pedro. Juan (19:13) nos dice que el lugar donde Jesús iba a ser juzgado lo llamaban El Enlosado (en griego, *lithostrotos* —pavimento— estrato de piedra). ¿Mencionó Juan el nombre de este lugar con la intención de indicar sutilmente otra de las muchas ironías inherentes a los eventos de este día? Sólo días antes, Jesús había citado el Salmo 118:22 y describió el aumento en oposición a sus enseñanzas (Marcos 14:10). El salmo nos dice, "La piedra que desecharon los edificadores ha venido a ser la cabeza del ángulo". Y ahora los líderes judíos estaban desechando la "piedra" en El Enlosado (pavimento de piedra). Antes de que el día terminara, Jesús descansaría en una tumba tallada en la roca; y una piedra sellaría la entrada.

El siervo sufriente

La Fortaleza o Torre Antonia era la residencia del gobernador y una guarnición militar justo en el corazón de la ciudad. Estaba pegada al Templo, y esta presencia militar romana vinculada tan íntimamente a este santo lugar entristecía y enfurecía al pueblo judío. En esta fría mañana, sin embargo, el Sanedrín se alegraba de tener a Pilato tan cerca y poder así escuchar su caso contra Jesús. Las autoridades judías sabían ciertamente que Jesús no tenía intención de organizar una rebelión contra Roma; la única autoridad contra la que Jesús había expresado su descontento era contra los líderes religiosos. Sus acusaciones forzarían a Jesús a negar que él era el Mesías, o en caso contrario forzaría a Pilato a condenarle a muerte por insurrección.

De la misma forma que cuando estuvo delante del Sanedrín, Jesús permaneció en silencio delante de Pilato, quien estaba sorprendido por su falta de interés en defenderse de las acusaciones. Pilato sabía que los sacerdotes acusaban a Jesús por envidia- Jesús era más popular que ellos, y su temor e inseguridad se tornaron en odio —pero ¿por qué, se preguntaba, Jesús no se defendía? Se le culpaba de pretender ser rey de los judíos, una ofensa capital. El César era el rey de los judíos, y reclamar ese título era considerado señal de rebelión. Cuando Pilato le preguntó a Jesús, ¿Eres tú el Rey de los judíos? (Marcos 15:2a), Jesús respondió de manera corta y críptica, "Tú lo dices" (Marcos 15:2b). Jesús podría estar afirmando, "Sí, por supuesto lo soy". A lo mejor estaba diciendo, "Tú lo dices, no estoy en desacuerdo contigo". Sin embargo no elaboró la respuesta. En Mateo, Marcos y Lucas Jesús no responde de otra manera a Pilato. Y por esto, Pilato debía estarse preguntando, "¿Por qué no habla?".

Cuando leemos el silencio de Jesús en estos juicios, no podemos dejar de pensar que en parte era su resignación, o mejor aún, su determinación a morir. No iba a defenderse. No quería escapar de la pena de muerte. Jesús fue a Jerusalén anticipando su ejecución, y creyendo que ésta era parte del plan de Dios. Pienso que no hay la menor duda de que Jesús sabía lo que le iba a acontecer. Había orado, "... Padre... Aparta de mí esta copa, pero no se haga lo que yo quiero, sino lo que quieres tú" (Marcos 14:36). Aceptó su sino y se mantuvo callado. Me gustaría pensar que cuando Jesús estaba delante del Sanedrín y de Pilato, tenía en mente Isaías 53, el pasaje sobre del "siervo sufriente". Había sido escrito cientos de años antes de Jesús, y nos habla de un individuo que sufriría por los pecados de la nación de Israel. Muchos judíos creen que Isaías describía a la nación de Judá, la cual sería castigada por los pecados de su gente, llevados a Babilonia y por un tiempo casi exterminada. Jesús sabía que Judá había actuado la parte del siervo sufriente, pero él vio en este pasaje un presagio de su propia misión de parte de Dios en su papel como Mesías. La iglesia primitiva vería en Isaías 53 el profundo cuadro del sufrimiento y muerte de Jesús:

> Todos nosotros nos descarriamos como ovejas,
>   cada cual se apartó por su camino;
> mas Jehová cargó en él
>   el pecado de todos nosotros.

> Angustiado él, y afligido,
>   no abrió su boca;
> como un cordero fue llevado al matadero;
>   como una oveja delante de sus trasquiladores,
> enmudeció, no abrió su boca. (Isaías 53:6-7)

Jesús a menudo actuó con intencionalidad para señalar el cumplimiento de ciertas Escrituras. Montó un burro el Domingo de ramos para señalar su identidad como el Mesías, pues sabía que

Zacarías 9:9 hablaba de un rey que entraría Jerusalén de esa manera. En sus juicios, su silencio podría indicar a sus seguidores que consideraran las palabras escritas en Isaías 53 y buscar en ellas una guía a su sufrimiento y muerte.

Jesús se estaba ofreciendo como cordero de sacrificio por los pecados del mundo. Su muerte, creen los cristianos, fue redentora: tenía un propósito. Jesús no murió como un profeta desilusionado. No era simplemente un gran maestro sentenciado por los romanos. Decidió ir a Jerusalén a propósito, anticipando e incluso prediciendo ante sus discípulos su muerte. Los cristianos creen que esa muerte fue el vehículo por el cual Dios salvó al mundo. Isaías lo expresa en esta imagen:

> Ciertamente llevó él nuestras enfermedades
> y sufrió nuestros dolores,
> ¡pero nosotros lo tuvimos por azotado,
> como herido y afligido por Dios!
> Mas él fue herido por nuestras rebeliones,
> molido por nuestros pecados.
> Por darnos la paz, cayó sobre él el castigo,
> y por sus llagas fuimos nosotros curados. (Isaías 53:4-5)

En al Santa Cena, Jesús dijo, "Tomad, comed; esto es mi cuerpo" (Mateo 26:26). Y después dijo, "Esto es mi sangre del nuevo pacto que por muchos es derramada para perdón de los pecados" (Mateo 26:28). Jesús comprendía que su muerta traería nuestra salvación. Merece la pena detenerse un momento y reflexionar cómo es que esto ocurre exactamente. Los teólogos desde hace mucho tiempo han tratado de encontrar una manera de entender la doctrina de la expiación —nuestra reconciliación con Dios a través de la muerte de Jesús en la cruz. Las personas más concienzudas lidian con esta pregunta. Nos resulta difícil comprender completamente a primera instancia cómo es que la muerte de Jesús nos proporciona salvación; es un enigma.

Hay varias teorías al respecto. Por separado ninguna nos proporciona una explicación contundente, pero cuando se consideran en conjunto ilustran un escenario poderoso y profundo del significado de la muerte y sufrimiento de Jesús para nosotros. Una de las teorías de la expiación nos enseña que Jesús sufrió y murió en lugar de la humanidad. Cargó con el castigo que todos nosotros merecíamos por nuestros pecados y con ello ofreció a la humanidad gracia y perdón. Esta explicación recibe el nombre de teoría sustitutiva de la expiación, y volveremos a dirigirnos a ella. Algunas personas rechazan esta teoría por considerarla simplista e incluso confusa, pero para muchas es la manera más clara de entender lo que Jesús quería conseguir como resultado en su muerte en la cruz. En el juicio ante Poncio Pilato entrevemos esta idea —un ejemplo concreto de una gran idea. Es aquí en El Enlosado donde Jesús tomó el lugar de un "criminal famoso" llamado Barrabás, quien aguardaba la pena de muerte. Barrabás, un criminal convicto, fue puesto en libertad; y Jesús, un hombre inocente, fue crucificado en su lugar.

El precio de la gracia

Barrabás es un carácter intrigante tanto por su persona como por el papel que desempeñó en la muerte de Jesús. En Barrabas tenemos a un rebelde que organizó una revuelta contra los romanos; alguien que aparentemente asesinó colaboradores romanos, y quizás incluso ciudadanos romanos; y una persona que robó a otras y presumiblemente utilizó ese dinero para su causa.

Poncio Pilato tenía la costumbre de liberar un prisionero judío cada año durante la Pascua. Al coincidir con esta celebración judía de la liberación de su esclavitud de los egipcios, se consideraba un acto de misericordia movido por su astucia política con la intención de calmar a las multitudes y por su deseo de prevenir y apaciguar cualquier idea de rebelión. Ese día, Pilato tenía dos prisioneros: Jesús de Nazaret y Barrabás. Ambos culpados de liderar insurrecciones y del deseo de ser rey de los judíos. Pilato se dirigió al pueblo y dijo, "¿A cuál de los dos queréis que os suelte?" (Mateo 27:21). ¿Sería Barrabás, quien era un ladrón y asesino, o Jesús de Nazaret, quien no había hecho nada merecedor de castigo —ese Jesús que amó a las personas perdidas, enseñó sobre el reino de Dios, sanó a los enfermos y bendijo a tantos?

Pilato aparentemente pensaba que el pueblo clamaría en favor de Jesús, y con gusto consentiría la demanda; pero clamaron en favor de Barrabás, y al final Barrabás fue puesto en libertad. En la película *La Pasión de Cristo* de Mel Gibson, cuando liberan a Barrabás, éste se volvió para mirar a Jesús; y en ese momento parece ser que Barrabás comprendió lo que pasaba. En ese instante, parecía que Barrabás comprendía que ese hombre inocente sería clavado en una cruz en su lugar. Barrabás sería el primer pecador por el que Jesús moriría. Esta escena representa una pequeña parte de la obra sustitutoria de la expiación que Jesús llevó a cabo con su muerte; pues a nosotros, al igual que Barrabás, se nos perdonó cuando Jesús sufrió el castigo que merecíamos.

La teoría sustitutoria de la expiación, que mencionamos antes, se puede resumir de la siguiente manera: Todos hemos pecado, y en nuestro pecado hemos sido separados de Dios. La Ley requiere castigo por el peso colectivo de ese pecado; la Biblia enseña que "la paga del pecado es muerte" (Romanos 6:23) y la separación eterna de Dios. Pero Dios, quien nos ama como un padre que ama a sus hijos, no quiere que permanezcamos eternamente separados. Dios desea que recibamos gracia. Una persona común no podía morir por la humanidad entera; sin embargo Jesús, al ser Dios hecho carne, podía morir por los pecados del mundo entero. Pagó el precio que no debía, y nos dio un regalo de gracia que no merecíamos. Esto es precisamente lo que vemos en Barrabás cuando caminó libre de su prisión y en Jesús al colgar en la cruz.

Esta teoría es confusa para muchos. Sin duda era más fácil de entender en tiempos donde se sacrificaban en forma rutinaria animales para la expiación de pecados. Incluso así, hay momentos en los que se nos esclarece la idea de que la muerte de Cristo fue por nosotros: cuando hemos hecho algo terrible y nuestra vergüenza es tan grande que sabemos que no tenemos manera de salvarnos a nosotros mismos. Es en esos momentos cuando nos hallamos atraídos a la cruz y a la comprensión del sufrimiento de Cristo por nosotros. Miramos hacia la cruz y nos damos cuenta de que ya se ha pagado el precio por nuestros pecados.

Me viene a la memoria la historia de un individuo que estaba manejando ebrio y se pasó al otro carril, se chocó con otro automóvil y causó la muerte de un niño que iba en el otro vehículo. Esta persona fue a la cárcel por asesinato, pero el tiempo que se le dio como sentencia no traería de vuelta a ese niño. Este hombre pasó el resto de su vida culpándose a sí mismo por el crimen que cometió. Si supiese solamente que su culpa ya ha sido pagada, que Jesucristo ya cargó con su castigo.

Fuimos hechos para mirar la cruz y ver el gran amor de Dios y el precio tan alto de la gracia, y así se produce un cambio en nuestro corazón por lo que Dios ha hecho por nosotros. Fuimos hechos, como resultado del entendimiento de ese precio, para servir a Dios con una actitud humilde, y desear, al ver a Jesús sufrir, no pecar más. Y, aún con todo, por supuesto, pecaremos otra vez y clamaremos por esa gracia de Dios que se revela en la cruz. De igual manera que Barrabás, caminamos libres gracias al sufrimiento de una persona inocente.

En busca de un Mesías

Barrabás no es el único personaje con el que podemos identificarnos al considerar esta historia. Nos podemos también ver en la multitud. Aparentemente, esas personas comenzaron a agruparse a las seis de la mañana para exigir la crucifixión de Jesús. Con frecuencia, cuando pensamos en la multitud la asociamos con todos los judíos en el tiempo de Jesús. Pero debemos señalar que esto es erróneo. No todos los judíos querían crucificar a Jesús. La multitud fuera de la Fortaleza o Torre Antonia era con probabilidad relativamente pequeña, unas docenas de personas o como mucho unos pocos cientos. Había muchos otros que creían en Jesús, quienes confiaban en él, que pensaban que era un maestro profundo y un hacedor de maravillas y que apreciaban sus palabras. Pero también estaban quienes no pensaban así.

Sin duda algunas de las personas que se congregaron temprano en esa multitud era mercaderes y cambistas de los atrios del Templo. Unos días antes, Jesús volcó sus mesas y los echó del Templo. Habían sido humillados y habían perdido ganancias. Esa mañana estaban delante de la torre para decir que en efecto "Jesús merece todo lo que le viene. ¿Vieron lo que nos hizo? Arruinó nuestros negocios. ¡Merece morir!" Además probablemente había esos que eran agitadores y criminales, gente que disfrutaba ver violencia.

Sin duda había también personas entre la multitud que no era mercaderes descontentos y ni criminales. Estas formaban parte de la multitud presente cuando Jesús bajó del Monte de los Olivos en el día que conocemos como el Domingo de Ramos. Habían tendido las palmas en el camino y aclamado,

¡Hosana!
¡Bendito el que viene en el nombre del Señor!...
¡Hosana en las alturas! (Marcos 11:9-10)

Es viernes y la multitud gritaba, "¡Crucifícale!" ¿Por qué? ¿Cómo pueden las personas cambiar tan de repente, tan drásticamente?

Para poder entenderlo, tenemos que ver quién pensaban las personas que era Jesús y qué iba a hacer. Cuando entró en la ciudad montado en un burro y las multitudes lo recibieron con tanto entusiasmo agitando las ramas de palma, recordaban un acontecimiento similar que ocurrió 190 años antes, cuando existía otro gobierno que oprimía a los judíos. La dinastía Seléucida griega había matado a muchos judíos y en medio de esta opresión levantó un altar a Zeus en el Templo judío. Para desacralizarlo más sacrificaron cerdos en sus atrios.

Después, en 160 a.c., una familia de judíos, los Macabeos, lograron juntar suficientes compatriotas e incitaron una rebelión. Derrotaron a los griegos y los forzaron a salir de Jerusalén y de la Tierra Santa. Limpiaron el Templo, una ocasión que nuestras amistades judías siguen celebrando hoy día durante *Hanukka*. Cuando Simón Macabeo regresó a Jerusalén, se le proclamó como a un gran libertador, y el pueblo tomó ramas de palmas y las agitaban ante su presencia como expresión de victoria. "Nos has liberado de los griegos", gritaban, "Salve".

La idea de agitar palmas con motivo de Simón Macabeo y la liberación de Jerusalén provenía seguramente de la Fiesta de los Tabernáculos, llamada *Sukot*. Durante esta fiesta de duración de una semana, se animaba a los judíos a recordar su peregrinaje en el desierto. Cada día las personas llevaban palmas como parte de la celebración. En el último día de esta fiesta, el día llamado *Hosana Rabá*, las personas andaban alrededor del altar siete veces, mientras ofrecían sus oraciones de "Hosana" —palabra que se traduce con mucha libertad "¡Salva ahora!" En este día el pueblo clamaría a Dios para que le liberara; recitaría las palabras del Salmo 118:26, "¡Bendito el que viene en el nombre de Jehová!"; y contemplarían la futura liberación divina de su pueblo.

JESÚS, BARRABÁS Y PILATO

La entrada de Simón a Jerusalén como el libertador fue percibida como respuesta a esas oraciones que se ofrecían anualmente durante la Fiesta de los Tabernáculos.

Por tanto cuando los judíos agitaban las palmas ante Jesús cuando descendió del Monte de los Olivos, decían a gritos, "Jesús, libéranos. Sálvanos de los romanos (como Simón salvó a nuestros antepasados). Hecha fuera a nuestros enemigos y libéranos de su terrible opresión". Esto es lo que esperaban de Jesús: un mesías, que significa "ungido", o un rey. David era un mesías. Salomón era un mesías. Todos los reyes antiguos del pueblo habían sido ungidos por los sacerdotes y se le consideraba mesías. Podemos ver, por tanto, que estas personas tenían ideas muy concretas en cuanto a lo que traería un mesías.

Durante el tiempo entre el nacimiento de Jesús y la destrucción de Jerusalén por los romanos en el año 70 d.C., por lo menos ocho personas, y quizás hasta trece, clamaron ser mesías u otros judíos los consideraban mesías. Josefo, el historiador romano del primer siglo, nos habla de algunos de ellos. Unos eran asesinos y ladrones. Otros eran fervientes en su deseo de gobernar para hacer la obra de Dios. Algunos tenían una docena de seguidores, otros unos cientos. En el caso concreto de uno de estos, seis mil personas se unieron a él y se convirtieron en una fuerza militar considerable. Cada uno de estos llamados mesías utilizaron la espada en su intento de expulsar a los romanos y establecer un nuevo reino de Israel. Cada uno entendía que esta era la tarea del Mesías, como también el pueblo. Y cada uno de estos supuestos mesías fue sentenciado a muerte.

Cuando Jesús vino a Jerusalén, muchos anticipaban un mesías que liderara una rebelión armada contra los romanos; y Jesús los desilusionó enormemente. Jesús fue el único mesías que se negó a coger la espada. No tenía interés en incitar a las multitudes para que se deshicieran de las cadenas de la opresión romana. En vez, enseñó al pueblo a amar a sus enemigos y a orar por los que les persiguen. Llamó benditas a las personas que sufren por lo que es verdadero y justo, a esas que son mansas y buscan la paz. Si un soldado romano le obligaba a la persona a llevar su carga por una milla, Jesús les dijo, que la llevaran dos millas. Si un romano abofeteaba a una persona, esta debería poner la otra mejilla. Esto no era lo que el pueblo esperaba. Tenían en su presencia a un posible mesías que fue contra todo lo establecido. Para el pueblo, la única manera de sobrevivir era por la fuerza. La libertad exige la espada. Pero Jesús dijo, en efecto, "Escuchad; esto os digo: No es por el poder de la espada sino por el poder de la cruz que encontraréis libertad. No la encontraréis al levantar un ejército para luchar contra los romanos que os oprimen. En vez, la obtendréis cuando demostréis el amor que está dispuesto a sacrificarse". Y tenía razón. Jesús sabía que aunque cada hombre, mujer o niño judío de su tiempo estuviera armado de pies a cabeza contra los romanos, serían demolidos. Jesús conocía la pequeña tierra de Judá, que incluso con la ayuda de Galilea y Samaria, no podría derrotar el poder imperial de Roma.

Jesús sabía que la victoria sobre los romanos no vendría por medio de la espada. Dijo que vendría por el poder del ágape —un amor sacrificado que últimamente no se puede derrotar. "Los conquistaréis", les decía en efecto, "con el poder de una idea. Cuando oigan de Dios y vean que Dios vive en vuestras vidas, sus corazones cambiarán".

Esto, por supuesto, es lo que ocurrió. Los romanos ya no adoran apasionadamente a esos mustios dioses que veneraron por tanto tiempo. Cuando los cristianos comenzaron a hablar de un Dios que caminó en la tierra en forma de un humilde carpintero, que sufrió y murió por su pueblo, y después, en victoria final, resucitó de los muertos, encontraron la idea tan cautivante que comenzaron a seguir a Jesús. La cristiandad se extendió entre esclavos y gente común e incluso se difundió entre las clases altas. La historia de un Dios que vino como hombre a instar a las personas a amar y que sufrió por ellas era una historia más poderosa que cualquiera de las que encontramos entre el panteón de dioses greco-romanos. El Imperio Romano se conquistó últimamente no por la espada, sino por la cruz de Cristo. Aun con todo, en este día decisivo, Jesús compadeció delante del gobernador romano, con los líderes religiosos, los mercaderes, y con una gran variedad de gente común a su espalda. Pero todavía no había nadie que entendiera.

El legado de Jesús y Barrabás

Pilato se presentó temprano esa mañana delante de la multitud y les pidió que escogieran. Accedió a que pidieran la libertad de uno de los supuestos mesías y condenar el otro a muerte. Mateo nos dice que el nombre completo de Barrabás era "Jesús Barrabás" (ver la versión en griego de Mateo 27:16). El nombre Barrabás" significa "hijo del Padre", y el nombre "Jesús" significa "Salvador"; de esta manera Mateo clarifica que a la multitud se le da a escoger entre dos figuras mesiánicas. Si fuéramos parte de la multitud, ¿cuál de los dos escogeríamos? Uno va a liderar con fuerza bruta; echar a los romanos; reclamar nuestros impuestos, riquezas y propiedades; y restaurar la fuerza del reino judío. El otro va a liderar con amor hacia esos opresores, les va a servir mientras estén entre nosotros, y nos pedirá servirles aun más. ¿A quién querríamos ver libre? ¿A quién querríamos destruir?

Cuando se nos presentan las opciones de esta manera, no nos resulta difícil entender por qué la multitud escogió a Barrabás y no a Jesús. Escogieron el camino de la fuerza física, el poder militar, los impuestos bajos en vez de un camino de paz a través del amor y un amor que se sacrifica.

La historia nos ofrece un ejemplo reciente de una decisión de este tipo, en lo propuesto por Malcolm X y por Martin Luther King, Jr., en la lucha por los derechos civiles de los años 50 y 60.

Ambos líderes querían justicia e iguales derechos para las personas de color, pero sus metodologías eran radicalmente distintas. Malcolm X creía que la injusticia era tan seria que a veces la violencia era justificada para poder enfrentarse a ella. Su pensamiento se ilustra en esta cita de 1964: "Abogo por la violencia si la no violencia significa continuar posponiendo una solución al problema del hombre negro americano solamente para evitar violencia. No apoyo la no violencia si esta implica una solución retardada. Para mí una solución tardía no es solución. O, lo diré de otra manera. Si conlleva violencia otorgar al hombre negro sus derechos humanos en este país, abogo por la violencia de la misma manera que los irlandeses, polacos o judíos recurrirían a tal recurso si tan flagrantemente se les discriminara".[1] Fue después de uno de sus peregrinajes a la Tierra Santa cuando comenzó a cuestionar este pensamiento, y murió asesinado un año más tarde.

El Dr. King, por otro lado, creía que los derechos humanos y la igualdad eran consecuencia de un cambio de corazón de las personas por medio de la resistencia no violenta y el amor con sacrificio. Su metodología, expresada en el sermón "Fuerza para amar", se podría parafrasear de la siguiente manera: "Nuestro planteamiento será avergonzarles para que nos den nuestros derecho civiles. Nos podrán hacer daño una y otra vez, y nosotros seguiremos amándoles. No les haremos daño físicamente, pero nos mantendremos firmes por lo que consideramos correcto. Mientras nos inflijan sufrimiento, nosotros les agotaremos con nuestra capacidad por aguantar. Seremos victoriosos por medio de la muestra del amor en vez del odio hacia el que nos oprime".

Si hablamos de los derechos civiles, ¿qué planteamiento cambió a nuestro país? ¿Fue la promoción de la violencia y odio, o el poder del amor con sacrificio? Ambos planteamientos tenían apoyo. El del Dr. King era imagen del evangelio y creo firmemente que resultó en una generación de blancos cuyos corazones se trasformaron al ver esa resistencia no violenta de sus seguidores.

Una generación anterior, Mahatma Gandhi fue de inspiración para el Dr. King. Gandhi enfrentaba la guerra entre los musulmanes y los hindúes, y anunció una huelga de hambre. "No voy a comer", dijo Gandhi, "hasta que estas personas dejen de luchar"; y este hombre pequeño y callado casi se muere de hambre y fue cuando los líderes de ambos bandos fueron a él y le dijeron, "Por favor, señor Gandhi. Pararemos de luchar si usted termina su huelga de hambre". Así era el poder de una persona que, por la superioridad de sus ideas y su disposición al sufrimiento, indujo a dos pueblos a que terminaran el conflicto.

¿Cuán lejos podría este planteamiento llevarnos hoy día? ¿Es posible vivir como Jesús de Nazaret insistió en nuestro propio mundo? ¿Podría una nación o gobierno subsistir de esa manera? Sabemos que lo que Jesús nos pide es escoger entre su planteamiento o el de Barrabás; pero también sé que mientras muchas personas admiran a Jesús de Nazaret, se sienten más seguras con Jesús Barrabas e incluso le prefieren. Esta es la elección que Pilato proporcionó a la multitud dos mil años atrás: el revolucionario y popular Jesús Barrabás, quien cambiaría el mundo por la fuerza, o Jesús de Nazaret, quien cambiaría el mundo a través del amor que se sacrifica. La multitud grito, "¡Suéltanos a Barrabás!" (Lucas 23:18). Si hubiéramos estado presentes ese día, ¿a quién hubiéramos escogido?

"Queriendo satisfacer al pueblo" (Marcos 15:15)

Nos hemos puesto en el lugar de Barrabás, un pecador puesto en libertad en lugar de Jesucristo. Nos hemos visto entre la multitud, clamando que liberaran a Barrabás. Creo que también nos hemos visto en la figura de Poncio Pilato, otro personaje importante en esta narrativa. Pilato era procurador, o gobernador, de Judea de los años 26 al 36 d. C. Fuera del Nuevo Testamento, se le menciona en solamente en otras dos fuentes. Filo de Alejandría, un filósofo judío, cita otra fuente que describe a Pilato como un "hombre de disposición inflexible, duro y testarudo".[2] Josefo, el historiador judío, nos dice que cuando Pilato encontró resistencia al proyecto de construir un acueducto para Jerusalén con impuestos judíos, saqueó el Templo para financiarlo.[3] Lucas 13:1 nos dice que algunos galileos vinieron al Templo para ofrecer sacrificios (quizás con la idea de promover una insurrección) y que Pilato ejecutó y mezcló su sangre con la de sus sacrificios. Josefo nos dice también que asesinó a los seguidores de un samaritano al que consideraban profeta —episodio que obligó a Roma a relevar a Pilato de su cargo como gobernador.[4] Obviamente, éste no era un hombre que vacilaba a la hora de matar judíos. Y aún con todo, cuando se le trajo a Jesús —un hombre que pretendía ser el rey de los judíos—, Pilato se veía imposibilitado para ordenar su ejecución y se hallaba inquieto ante Jesús. Podemos ver esto en cada uno de los evangelios. Pilato aparentemente sabía que la razón por la que se lo habían traído a su presencia era el recelo de los sacerdotes. Pilato sabía que condenar a Jesús a muerte no estaba bien. (Algunos estudiosos señalan, sin embargo, que los evangelios fueron escritos cuando el cristianismo se estaba adentrando en el Imperio Romano. Por lo tanto, estos relatos podrían haber enfatizado la reticencia de Pilato a crucificar a Jesús para clarificar que Jesús no estaba encabezando una insurrección contra Roma).

Marcos nos dice que Pilato quería liberar a Jesús, y dijo, "¿Qué debemos hacer con este hombre? No encuentro razón para matarlo" (paráfrasis de Marcos 15:9-14). En Lucas (23:6-12) leemos que Pilato estaba suficientemente abrumado y que envió a Jesús al rey Herodes Antipas, que reinaba en Galilea, y que coincidía en estar en Jerusalén. Aunque trató a Jesús con desprecio, Herodes (hijo de Herodes el Grande) tampoco encontró motivo para sentenciar a Jesús y lo volvió a mandar a Pilato. Juan nos dice que Pilato mandó a azotar a Jesús con la esperanza de que esto

JESÚS, BARRABÁS Y PILATO

satisficiera a la multitud, y les presentó un Jesús andrajoso y ensangrentado. "Aquí tenéis a vuestro Rey!", les dijo. "¿A vuestro
Rey he de crucificar?" (Juan 19:14-15). Unas cinco o seis veces,
nos dice Juan, Pilato buscó alguna manera de evitar la crucifixión
de Jesús; pero la multitud insistió.

Hasta el final, Pilato tenía la autoridad y la inclinación de liberar a Jesús. Después de todas sus dudas, de su resistencia a la
idea de crucificar a Jesús, nos encontramos con las palabras más
tristes del relato de la pasión de Jesús: "Pilato, queriendo satisfacer al pueblo, les soltó a Barrabás, y entregó a Jesús, después de
azotarlo, para que fuera crucificado" (Marcos 15:15). Quería satisfacer al pueblo. Sabía que estaba mal y tenía la autoridad para
detener el procedimiento. Sin embargo, la presión de la multitud
era sobrecogedora, así como la voz de los líderes que se impusie-
ron los miembros del Sanedrín quienes podrían haber cuestionado el juicio de muerte de Jesús. Pilato envió a Jesús a la cruz
para satisfacer el clamor de la indómita turba que estaba delante
de él.

¿Podemos vernos en el lugar de Poncio Pilato? Cada uno de
nosotros ha tomado parte en el papel de Pilato. Desde que éramos pequeños hemos sentido el tirón de la multitud. Como adul-
tos, lo hemos sentido de muchas maneras —en nuestro deseo
de ser aceptados, en nuestro miedo al ridículo o al rechazo. Nuestra incapacidad de decidir por nosotros mismos nos enmudece
cuando deberíamos de hablar, nos deja crear o apoyar situaciones que sabemos que son erróneas.

¿Qué cosas hemos hecho aun sabiendo que estaban mal simplemente porque "la multitud" exigía que lo hiciéramos? ¿Qué
estaríamos dispuestos a hacer cuando la presión que recibimos
es demasiado grande? Y, ¿quiénes son nuestras multitudes? No
hace mucho tiempo una persona entró en mi oficina. Había ido a
la universidad y cayó en el uso de drogas, alcohol y demás. Era
una buena persona, y yo quería saber que había pasado. Era muy

sencillo: sus nuevas amistades hacían lo mismo; y, como Pilato, este joven había decidido "satisfacer a la multitud". Todos lo hemos experimentado. Nuestra cultura nos lleva en esa dirección; y nos encontramos arrastrados a ella, y hacemos lo que sabemos que no está bien, lo que sabemos va en contra de la voluntad de Dios. Parte de la razón por la que congregarse en la iglesia es tan importante es que durante por lo menos esa hora a la semana nos rodeamos de otras personas que desean seguir a Jesús. Nos sentimos bien cuando estamos con personas que piensan de la misma manera que nosotros y que nos animan. Sacamos fuerzas el uno del otro para poder mantenernos en el sendero correcto. Esta multitud, como la de ese joven, tiene voz suficientemente fuerte y es difícil resistir. Podemos ser motivados por la multitud al bien o al mal; por esto es crítico, aunque sea durante una sola hora los domingos, que nos rodeemos de amistades que comparten nuestros valores, creencias y fe.

En un país donde nunca seremos arrestados por ser cristianos, donde nunca se nos condenará a muerte por seguir a Jesús, ¿estamos dispuestos a encarar la presión de nuestro entorno y ser contados como unos de sus seguidores?

---

[1] *The Autobiography of Malcolm X*, por Malcolm X (Ballantine Books, 1964); p. 402.

[2] Ver Luvius: Articles on Ancient History, Pontius Pilate; http://www.livius.org/pi-pm/pilate/pilate04.html. (Mayo 26, 2009).

[3] *Thrones of Blood: A History of the Time of Jesus 37 B.C. to A.D. 70* (Barbour Publishing, Inc., 1993); p. 61.

[4] *Thrones of Blood: A History of the Time of Jesus 37 B.C. to A.D. 70*; p. 62.

5. La tortura y humillación del Rey

... y entregó a Jesús, después de azotarlo, para que fuera crucificado. Entonces los soldados lo llevaron dentro del atrio, esto es, al pretorio, y reunieron a toda la compañía. Lo vistieron de púrpura, le pusieron una corona tejida de espinas y comenzaron a saludarlo: —¡Salve, Rey de los judíos! Le golpeaban la cabeza con una caña, lo escupían y, puestos de rodillas, le hacían reverencias. Después de haberse burlado de él, le quitaron la púrpura, le pusieron sus propios vestidos y lo sacaron para crucificarlo.

Obligaron a uno que pasaba, Simón de Cirene, padre de Alejandro y de Rufo, que venía del campo, a que le llevara la cruz. Y lo llevaron a un lugar llamado Gólgota, (que significa: "Lugar de la Calavera"). Le dieron a beber vino mezclado con mirra, pero él no lo tomó. (MARCOS 15:15b-23)

Viernes
8 de la mañana
TORRE ANTONIA

MERECE LA PENA contemplar las últimas horas antes de la crucifixión de Jesús, para entender con claridad la tortura de la que fue objeto y lo que significa para nuestras propias vidas cuando buscamos seguirle. Los evangelios difieren en algunos detalles en cuanto a estas horas. Lucas no menciona la flagelación ni la burla que Jesús sufrió en manos de los soldados romanos; pero es el único que nos dice que Pilato envió a Jesús a Herodes Antipas, hijo de Herodes el Grande y gobernador de Galilea, donde Jesús vivió. Coincidía que Herodes estaba en Jerusalén, y Pilato quería poner la responsabilidad del veredicto sobre éste. Lucas nos cuenta que Herodes interrogó a Jesús durante bastante tiempo; y cuando Jesús se negó a responder, Herodes le trató despectivamente, burlándose de él y "vistiéndolo con una ropa espléndida" (Lucas 23:11) antes de mandárselo de vuelta a Pilato, que últimamente le sentenció a ser crucificado.

El evangelio de Juan, el más familiar para la mayoría de las personas y el que constituyó la narrativa principal para la película de Mel Gibson *La pasión de Cristo*, nos dice que Pilato mandó azotar a Jesús antes de sentenciarlo. Pilato esperaba que los líderes judíos consideraran el azote suficiente castigo y que desistirían en sus demandas de crucificarle. Los soldados azotaron a Jesús y se burlaron de él, pusieron una corona de espinas sobre su cabeza y le vistieron de púrpura antes de traerlo de nuevo ante Pilato ensangrentado y humillado. Pilato presentó a Jesús delante de la multitud; sin embargo sin compasión alguna, gritaron e insistieron en su crucifixión.

Mateo y Marcos nos dicen que Jesús fue flagelado, y después los soldados romanos lo tomaron y llevaron a la sede del gobernador, donde se burlaron de él y le humillaron antes de crucificarlo. Todos menos Lucas nos dicen que fue azotado, y los cuatro evangelios incluyen alguna forma de burla y humillación. Con todo, esta humillación y tortura se mencionan muy brevemente. Consideraremos con detalle esta breve mención en este capítulo.

Tortura física: Flagelación

La flagelación era común en los tiempos de Jesús. Tanto los judíos como los romanos utilizaban esta práctica, al igual que las diferentes culturas alrededor del mundo la han utilizado por bastante tiempo. Es la práctica de azotar a una persona con un látigo o palo para castigarla o torturarla. El ya pasado de moda azote con el cinturón, a menudo utilizado en niños y niñas antes de que otras formas no violentas de castigo tomaran vigor, es una forma de flagelación. En el pasado, en muchas prisiones americanas se practicaba la flagelación, como también el ejército durante la Guerra de la Revolución. Muchos gobiernos todavía se adhieren a esta práctica, recordemos esas noticias sobre Irán donde se azotó a un hombre antes de ejecutarlo.

Los romanos utilizaban una forma de flagelación más ligera para criminales menores; pero cuando querían inculcar terror, utilizaban métodos tan crueles que darían escalofríos a los espectadores con menos escrúpulos. Tales prácticas, como se puede imaginar, tenían un gran efecto disuasivo. En una de las formas de flagelación romana, se desvestía a la víctima, se la forzaba a agacharse sobre una viga y se le ataban las manos. Dos o más lictores (guardaespaldas romanos que estaban especialmente entrenados en el arte de infligir dolor por medio de la flagelación) se turnaban para flagelar a la víctima. El látigo o *flagrum* era de cuero, trenzado con cuentas de piedra, metal, cristal, hueso u otros materiales con puntas, y estaba diseñado para desgarrar la carne tanto como para magullarla. Una variante de este látigo, con el nombre de "el escorpión", era especialmente eficaz a la hora de desgarrar la carne y separarla del hueso. El historiador cristiano Eusebio, tercer siglo d.c., dijo que en una flagelación romana las venas de las victimas quedaban expuestas y que los mismos músculos, tendones y entrañas de la personas quedaban al descubierto.[1] Los prisioneros a veces morían incluso antes de ser crucificados. Parte de la crueldad que traía la flagelación, sin embargo, era que esas muertes eran la excepción. La flagelación estaba diseñada para infligir dolor y daño increíbles pero dejar a la víctima con fuerzas suficientes para cargar con su cruz hasta el lugar de crucifixión.

Los relatos de la tortura y humillación de Jesús siguen de cerca las palabras de Isaías 50:6, que constituye parte de uno de los himnos del "siervo sufriente", y que los cristianos primitivos creían que describía los sufrimientos de Jesús en manos de los romanos. Estos versos serían los que Jesús podría haber tenido en mente cuando estaba frente a los soldados romanos:

> Di mi cuerpo a los heridores
> y mis mejillas a los que me mesaban la barba;
> no aparté mi rostro
> de injurias y de esputos.

Algunos eruditos creen que pasajes como éste se refieren a la nación de Judá, que se personifica en la figura del siervo sufriente. Sin embargo, muchos de los versículos que hablan del siervo sufriente parecen ir más allá de la nación de Judá marcando lo que Jesús experimentó en ese terrible día. Personalmente, considero que algunos de los himnos del siervo en Isaías sólo tienen sentido en referencia a Jesús.

Tortura emocional: Humillación

Jesús no imploró que tuvieran misericordia de él. No mostró ninguna de las reacciones típicas que se esperaban de alguien que había sido azotado, y sin duda su actitud habría enfurecido a los soldados que estaban a cargo del castigo. Descontentos con desgarrar su carne; decidieron deshumanizarlo, romper su espíritu. Marcos nos dice, "Entonces los soldados lo llevaron dentro del atrio... y reunieron a toda la compañía" (Marcos 15:16). Una compañía consistía típicamente de 300 a 600 soldados. La totalidad del contingente, quizás todos los soldados estacionados en la Torre Antonia, salieron para desahogarse con el prisionero, quien sabían había sido acusado de intentar fomentar una rebelión contra su emperador y que se hacía pasar por rey.

Mateo nos dice que lo desnudaron, dejándolo expuesto y vulnerable; un hombre ensangrentado y débil rodeado de cientos de soldados, con espadas, escudos y armamento que daban testimonio de la fuerza y determinación del Imperio Romano. Su emperador era, en última instancia, el rey del mundo; y harían saber a este prisionero lo que pensaban de su declaración.

Los soldados decidieron oficiar una coronación de burla; y le trajeron un manto, probablemente una de la capas de los soldados. Mateo nos dice que era rojo (escarlata). Marcos nos dice que era de color púrpura, el color de la realeza. Púrpura es hoy día el color litúrgico de la temporada de Adviento, cuando celebramos el nacimiento del Rey, y de la Cuaresma, cuando la iglesia se prepara para su muerte. Cualquiera que fuera su color, la capa no cubriría todo su cuerpo desnudo. Puesta sobre sus hombros, solamente cubriría su espalda desgarrada. Los soldados dispusieron que su rey ahora encapado necesitaba también una corona, retorcieron una rama de un arbusto con espinas dándole la forma de una corona real de laurel. Entonces la presionaron sobre su frente coronándole con burla mientras las espinas se incrustaran en su carne. "¡Salve, rey de los judíos!" (Mateo 27:29; Marcos 15:18, Juan 19:3), gritaron, saludándolo. Mateo nos dice que le dieron una caña —probablemente equivalente a una espadaña o anea— para que la sujetara en su mano derecha como si fuera un cetro, una parodia del cetro real que representaba su autoridad. Le rodearon en un círculo, le escupieron y golpearon en la cara. Le quitaron la caña y le azotaron con ella, no tanto para infligir dolor como para añadir a su humillación. Algunos se arrodillaron delante de él gritando, "¡Salve, rey de los judíos!".

Es este escenario, esta diversión vergonzosamente cruel e inhumana a costa de un hombre atormentado, en el que debemos detenernos; pues es aquí donde vislumbramos clara y trágicamente lo que la humanidad hizo cuando Dios tomó forma humana y caminó entre nosotros. Jesús pudo haberlos destruido a todos con una simple palabra. En vez, cargó la vergüenza y la humillación, en parte, para que toda persona que viene a él pueda aprender de esta historia sobre la condición humana y el precio tan alto de la gracia de Dios.

Debemos preguntarnos a nosotros mismos, ¿por qué hicieron estos soldados tales atrocidades? ¿Por qué le torturaron? ¿Por qué le humillaron? Este hombre había amado a las personas perdidas. Había predicado las buenas nuevas del reino de Dios. Había sanado al enfermo. Había abierto los ojos del ciego. Por supuesto, también desafió la autoridad de los líderes religiosos y habló de su hipocresía.

¿Qué clase de personas eran estos hombres? Durante todo este relato nos hemos encontrado con individuos que han actuado de maneras que nos resultan difíciles de imaginar: el Sanedrín, al demandar la condena de Jesús a muerte; Poncio Pilato sentenciándolo para satisfacer a la multitud; y los soldados romanos deleitándose en desgarrar su carne, escupirle y humillarle.

¿Era esta multitud de soldados tan malvada? O ¿su función como ocupadores de una tierra foránea, ya que sabían que la gente local quería deshacerse de ellos, causó acción tan inhumana?

La maldad dentro de nosotros

Al leer una y otra vez la narrativa de los evangelios cuando los soldados desnudaron a Jesús y le atormentaron, me vienen a la mente las imágenes de la prisión de Abu Ghraib, donde durante la guerra con Irak los soldados americanos desnudaron a iraquíes, se burlaban de ellos, los humillaban y tomaban fotografías de las fechorías que les hacían. ¿Qué lleva a hombres y mujeres a hacer tales cosas? ¿Es porque son personas malvadas, o son las circunstancias las que les llevan a hacer tales atrocidades? ¿Hay tiempos en los que nosotros, personas comunes, podemos perder nuestra humanidad y, en nuestro temor, terminamos apoyando ideas y prácticas que en otras circunstancias hubiéramos resistido y aborrecido?

Les he invitado a todos ustedes a verse a sí mismos en estas historias, y les invito ahora a que se vean reflejados en los soldados romanos. Hacer tal comparación nos ayudará a reconocer que los seres humanos a través de la historia hemos incurrido en conductas inhumanas hacia nuestro prójimo. Con dolor tenemos que admitir que ésta es la historia de nuestra existencia. En los tiempos de Noé, Dios lamentaba tanto la manera violenta con la que las personas se trataban unas a otras que produjo un diluvio para destruir la tierra. Nos resulta fácil decir, "Nunca haríamos eso. Nunca nos comportaríamos como uno de esos soldados romanos que se deleitaron en burlarse, flagelar y aterrar a un hombre inocente". Debemos tener cuidado con lo que decimos.

En 1971, Philip Zimbardo, un psicólogo de la universidad de Stanford, llevó a cabo un estudio para la Marina de los Estados

Unidos acerca del comportamiento de las personas en la cárcel. Junto con sus colegas transformó el sótano de la facultad de psicología de Stanford en una prisión y contrataron a veinticuatro estudiantes de clase media de la universidad para el estudio; al azar asignaron a doce para que ejercieran de guardas y al resto a hacer de prioneros. Estos últimos fueron arrestados y puestos en la "prisión", donde se observaría su comportamiento y el de los guardas durante catorce días. Sin embargo, el experimento tuvo que cancelarse al sexto día porque los estudiantes que ejercía de guardas tomaron su papel con tanto entusiasmo que comenzaron a hacer daño y a oprimir a los estudiantes que hacían de prisioneros. Perdieron de vista el hecho de que se trataba de un experimento.[2]

Zimbardo pasó los siguientes treinta años analizando estos resultados y estudiando sus implicaciones en otras áreas. Concluyó que todos nosotros —cada uno de nosotros— somos capaces de transformarnos de un *Dr. Jekyll* en un *Mr. Hyde* (como en el clásico de terror). En su estudio entrevistó a una mujer de Rwanda a la cual los líderes de su tribu convencieron de que sus vecinos, personas con las que se había criado y conocía de toda la vida, eran el enemigo y tenía que destruirlos. Terminó asesinando a los niños y después a la mujer que había sido su amiga por mucho tiempo. Esta mujer no podía explicar cómo o por qué lo había hecho. Se sentía avergonzada por lo que hizo, y con todo sufrió esa transformación.[3]

En 1963, Stanley Milgram de la universidad de Yale invitó a algunas personas seleccionadas al azar a participar en una investigación científica. Se les pagó cuatro dólares por sentarse durante un hora delante una caja con controles diseñados para administrar corriente eléctrica a personas que estaban en otra habitación y que no respondieran correctamente a las preguntas que se les hacía. El experimento se diseñó para ver hasta dónde iría una persona si otra con autoridad le dice que continué incrementando la intensidad de la descarga hasta llegar aparentemente a un nivel de fatalidad. Ninguna de las personas que se encontraban en la otra habitación recibía descargas eléctricas; pero las personas en los controles no lo sabían y solamente podían oír y no ver a la persona que supuestamente estaban administrando la descarga. Antes del experimento, los investigadores estimaban que solamente un uno por ciento de la población de Estado Unidos administraría lo que pensaban serían dosis letales de electricidad. Lo que los investigadores hallaron es que el sesenta y cinco por ciento de los sujetos bajo estudio estaba dispuesto a aumentar la dosis de electricidad hasta cuatrocientos cincuenta voltios, a pesar de los gritos de dolor fingidos de la persona situada en la otra sala. Incluso después de que los gritos pararan, los sujetos bajo estudio seguían dispuestos a mandar descargas eléctricas a esa persona sólo porque una persona con mayor autoridad les decía que debían de completar el experimento. *¡El sesenta y cinco por ciento!*[4]

Cuando Zimbardo volvió a examinar el experimento de Milgram y compararlo con el suyo propio, reconoció muchos paralelos históricos. ¿Se han preguntado alguna vez qué diferencia había con los alemanes de los años 30 y 40? ¿Eran tan diferentes de los americanos de hoy día? ¿Por qué había tantas personas normales dispuestas a matar a sus vecinos judíos bajo las circunstancias en que vivían?

Las personas normales podemos ser persuadidas a hacer cosas extraordinarias y cosas terribles. Si se da la combinación adecuada de ideología, autoridad e insensibilidad gradual, todos nosotros podemos convertirnos en monstruos, capaces de destruir a otros con armamento desde las meras palabras hasta las cámaras de gas. Es una realidad a la que debemos enfrentarnos y de la que debemos guardarnos, y mirar en vez a Dios e intentar entender qué es lo que Dios quiere que seamos y hagamos.

Lo llevaron para crucificarle

Cuando los soldados terminaron con Jesús, lo volvieron a vestir y lo llevaron desde el atrio del fuerte de Pilato a la colina rocosa donde lo iban a crucificar. El nombre latino de la colina es Calvario —*Calvaria* que significa "calavera"— y Gólgota es el equivalente arameo. El nombre de "Lugar de la Calavera" podría haberse derivado por el hecho de que las calaveras de los criminales que se habían ejecutado estaban esparcidas por la colina —los cuerpos ejecutados se solían dejar colgados para que los buitres y perros se los comieran— o podría ser porque la forma de la colina parecía una calavera. Hoy día, a los turistas y peregrinos en Jerusalén se les lleva a dos posibles lugares que podrían ser esta colina. El sitio que suscita la imaginación de la mayoría de los peregrinos es el menos probable de ser el auténtico. Se conoce como "El calvario de Gordon" por el general británico Charles Gordon, quien sugirió después de una visita a Palestina en 1882-83 que éste era de hecho el lugar. Es una saliente o cornisa rocosa que hoy día tiene vistas a una estación de autobuses, pero esa formación rocosa parece una calavera. En las cercanías, Gordon descubrió una tumba antigua que se popularizó de inmediato como la posible tumba de Jesús.

La localización más probable del Gólgota, atestiguada por la iglesia primitiva, se encuentra dentro de la Iglesia del Santo Sepulcro. A las visitas se las lleva por unas escaleras a lo alto de una colina en la que hay una capilla edificada sobre una formación rocosa de unos 4.6 metros de altura. Una vitrina cubre el tope de la formación que soporta las tres cruces. Cuando las personas entran en la sala, muchas se dirigen al lugar más santo del edificio, el altar, para arrodillarse y, por debajo del altar, tocar la cima de la roca donde se cree que Jesús fue crucificado. Si uno entra allí con devoción, se detiene a reflexionar en esta historia al acercarse y tocar ese lugar, es una experiencia increíble. Llegamos a pensar que estas historias que hemos leído tantas veces son meramente mitos o cuentos. Al estar presentes en tal lugar se produce la realización de que esos eventos realmente ocurrieron, que Dios en forma humana caminó entre nosotros y que sufrió y murió allí.

El Calvario se encuentra como a medio kilómetro del palacio de Pilato. En el estado debilitado de Jesús, le hubiera llevado unos treinta minutos caminar esa distancia. Juan nos dice que Jesús cargaba con su propia cruz —seguramente sólo la viga horizontal de la cruz, la vertical estaba fija en el lugar de la ejecución. El obligar a Jesús a cargar con la cruz en la que iba a ser crucificado daba a los romanos una oportunidad más para infligirle humillación y dolor emocional. En contraste con el relato de Juan, Mateo, Marcos y Lucas nos dicen que Simón de Cirene cargo con la cruz de Jesús. Estas dos versiones no resultan difíciles de reconciliar cuando imaginamos que Jesús podría carga con la cruz unos pocos metros hasta que su cuerpo deshidratado y físicamente debilitado no pudiera más.

Cirene es una ciudad del norte de Libia, y Simón era probablemente un judío que visitaba Jerusalén para celebrar la Pascua cuando se le obligo a cargar con la cruz. Al acercarse ambos, Simón y Jesús, al Gólgota, o quizás cuando llegaron al sitio, alguien ofreció a Jesús una copa con vino mezclado con mirra (Marcos 15:23). Creemos que la mirra servía de analgésico, algo para calmar el dolor; este podría haber sido un acto de compasión con la intención de ayudar a Jesús a apaciguar su dolor en la peor parte de su agonía. Ésta es la segunda vez que la mirra se menciona en los evangelios (ver Mateo 2:11); al ver María, la madre de Jesús, este gesto le hubiera recordado el escenario en el que se menciona primero: cuando se le presentó mirra a Jesús después de su nacimiento. Es un regalo curioso que este mago trajo, pero ahora María lo entendía, era un regalo profético.

Aunque Jesús no había comido ni bebido nada desde su última cena con los discípulos, se negó a beber de la copa. Es como si dijera, "estoy dispuesto a sufrir todo el dolor que me viene. No quiero drogas para apaciguarlo". Su sufrimiento tenía un propósito redentor. Era parte del plan de Dios para él y para el mundo, y determinó que lo experimentaría en su totalidad.

El poder del amor que se sacrifica

Los cristianos creen, y Jesús lo enseñó con claridad, que el sufrimiento y la muerte de Jesús fueron los medios de salvación para la humanidad. A través de ellos, a hombres y a mujeres se nos ofrece perdón, redención y una relación restaurada con Dios. Mencionamos en el capítulo anterior una de las teorías de la Expiación: la teoría sustitutiva que expone que Jesús sufrió y murió en lugar de toda persona que pone su fe en él como su Salvador. Él murió en lugar nuestro, tomando sobre sí el pecado y el castigo que merecíamos por violar la voluntad de Dios. Ahora consideraremos otra teoría: la teoría de la influencia subjetiva o moral de la Expiación.

La teoría de la influencia subjetiva o moral de la Expiación mantiene que la Expiación no consiste en cambiar la intención de Dios o hacer posible que Dios nos perdonara. Consiste, en vez, en producir un cambio en nosotros mismos. El sufrimiento, muerte y resurrección de Jesús constituyen un drama divino con el propósito de comunicar la Palabra de Dios a la humanidad, para clarificar nuestra necesidad de redención y perdón, para mostrarnos la extensión total del amor de Dios y llevarnos al arrepentimiento. El evangelio de Juan comienza en su prólogo hablando de Jesús como la Palabra de Dios. Jesús fue el vehículo de Dios para comunicarse con nosotros, su Palabra hecha carne. En Jesús, la naturaleza divina de Dios se unió con la carne humana para revelar su carácter, su amor y voluntad para la humanidad.

¿Qué es lo que trataba Dios de comunicar con el sufrimiento y muerte de Jesús? Los eventos que se describen en las últimas veinticuatro horas de la vida de Jesús nos hablan del estado fragmentado de la humanidad. Como vimos con anterioridad, cada persona que toma parte en esta tragedia es una reflexión de esta fragmentación. Los discípulos se durmieron, después huyeron por temor cuando arrestaron a Jesús. Judas traicionó a Jesús. Pedro le negó. El Sanedrín lo quería muerto. La multitud prefería un mesías que predicaba la violencia en vez del que predicaba amor. El gobernador quería satisfacer a la multitud, y los soldados torturaron y deshumanizaron con placer a un hombre inocente.

Esta historia de lo que los seres humanos hicieron cuando Dios caminó entre nosotros pone en tela de juicio a la humanidad. Debemos buscarnos a nosotros mismo en esta historia y conmovernos por su final tan trágico. Debemos darnos cuenta que hay algo corrupto dentro de nuestro ser, que estamos fragmentados y que necesitamos el perdón.

He visitado el Museo Nacional del Holocausto en Washington, DC, en varias ocasiones. He llevado a mis hijas para que vean las fotos, los videos y las exposiciones que documentan las atrocidades que ocurrieron bajo la "solución final" de Hitler. El museo es testimonio de la humanidad indecente de los nazis; pero también testifica de la complicidad de millones de personas ordinarias en Europa que no resistieron esta maldad, incluyendo muchos líderes de la iglesia. Incluso de los Estados Unidos, que últimamente desempeño un papel importante para subyugar a Hitler, se negó a recibir grandes cantidades de inmigrantes judíos de Europa en el tiempo en el que los nazis estaban implementando la "solución final". El holocausto no solamente pone en tela de juicio a los nazis, sino a la totalidad de la raza humana.

Mis hijas y yo caminamos en silencio después de esas visitas, conmovidos profundamente, perturbados y con una sensación de culpabilidad por lo que vimos. Ese es el propósito del Museo del Holocausto: afectar a los visitantes de tal manera que salgan de allí con el compromiso a la proposición de que esto no debe repetirse jamás.

De la misma manera, la teoría subjetiva o morar de la Expiación sugiere que el sufrimiento y muerte de Cristo están allí para afectar profundamente a esas personas que escuchan la historia. El sufrimiento y la muerte de Jesús tienen la intención de actuar como un espejo en el que se refleja nuestra alma, un recuerdo del celo, mezquindad, egoísmo, ceguera espiritual y oscuridad que se oculta en nuestras almas. Se nos insta a leer los relatos en el evangelio de la tortura, humillación y crucifixión de Cristo y decir, "¡Nunca más!", o "¡Dios sálvanos de nosotros mismos", o "¡Señor ten misericordia de nosotros!". Los relatos tienen el propósito de conmovernos para producir arrepentimiento.

Sin embargo, el carácter quebrantado de la humanidad no es la única enseñanza que debemos extraer de esta historia. También debemos ver el amor de quien sufrió por nosotros, y su determinación para salvarnos de nosotros mismos y de nuestro pecado. El sufrimiento y la muerte de Jesús no fueron accidentales. Él escogió el camino que sabía que terminaría en su Pasión. Encaró el látigo, la corona y la cruz con determinación, silencio y dignidad. Estuvo desnudo como si dijera, "¿Pueden ver la extensión del amor del Padre? ¿Entienden que vine para que ustedes pudieran finalmente ver un amor que está dispuesto a sufrir e incluso morir para poder persuadirles?"

Jesús nos muestra un amor que se niega a rendirse a la venganza o a darse por vencido. Está determinado a amar al enemigo para poder ganar su libertad y restaurarlo a la relación legítima de amado hijo y amigo. Pablo nos dice en Romanos 5:8, "Dios muestra su amor para con nosotros. En que aún siendo pecadores, Cristo murió por nosotros"; y Juan nos dice, "De tal manera amó Dios al mundo, que ha dado a su Hijo unigénito, para que todo aquel que en él crea no se pierda, sino que tenga vida eterna". La cruz es el vehículo que demuestra la magnitud total del amor de Dios.

Hay una voz más que debemos oír en el sufrimiento y la muerte de Jesús, y que tiene que ver con la naturaleza del amor que se sacrifica. Jesús ha establecido un ejemplo para nosotros del tipo de amor que únicamente tiene el poder de salvar a la humanidad de sus tendencias autodestructivas. El amor que se sacrifica transforma a enemigos en amigos, avergüenza al culpable para que se arrepienta, y derrite los corazones de piedra. El mundo es transformado por la demostración verdadera del amor que se sacrifica por las acciones desinteresadas de servicio.

En noviembre del 2004, Tammy Duckworth, una militar en reserva que fue convocada para luchar en Irak, co-pilotaba un helicóptero Black Hawk cuando este recibió un impacto de mortero, la granada explotó a sus pies, le destrozó las piernas y le rompió un brazo. Cuando el helicóptero se estrelló, sus compañeros pensaron que estaba muerta. Los otros soldados del helicóptero sabían que el enemigo estaba de cerca y que si eran capturado con seguridad serían ejecutados; pero tampoco querían dejar a Tammy atrás. La extrajeron con gran dificultad del helicóptero, y cargaron con ella por campos con vegetación muy densa exponiéndose a un gran peligro para poder sacarla de allí. Cuando finalmente se hallaron salvos, se dieron cuenta que aunque ella había perdido mucha sangre, estaba milagrosamente viva. Tammy se recuperó, le pusieron unas prótesis por piernas, y ahora se desenvuelve con normalidad. Más tarde, nombraron a Tammy directora del Departamento de Asuntos para Veteranos (Department of Veterans Affairs) de Illinois. El 3 de febrero del 2009, se nominó a Duckworth para que ocupara el cargo de Secretario Asistente de Asuntos Públicos e Intergubernamentales del Departamento de Asuntos para Veteranos de los Estados Unidos. El senado de los Estados Unidos la confirmó en esa posición el 22 de abril del mismo año. Cuando se le preguntó acerca del gran riesgo que sus compañeros de ejercito corrieron al salvarla, la Comandante Duckworth dijo, "Me levanto cada día con determinación para vivir de tal manera que sea considerada digna de tal esfuerzo y sacrificio".[5]

Éste es el poder del amor que se sacrifica, y es esto lo que precisamente la cruz de Cristo quiere inspirarnos a hacer. Debemos mirar la cruz de Jesús y decir: "Tengo que vivir de tal manera que mi vida sea digna del sacrificio hecho por mí". Debemos ser transformados por la Expiación y producir en respuesta el amor que se sacrifica por otras personas. Cuando todo nuevo seguidor de Jesús practique tal amor, el mundo cambiará y la humanidad será transformada.

El legado de Simón

Antes de finalizar con la crucifixión, debemos dirigir nuestra atención una vez más hacia Simón de Cirene, a quién se le obligó a cargar con la cruz de Jesús. ¿Era este visitante de Libia una persona que estaba en el lugar equivocado en el tiempo erróneo? O ¿era un espectador del sufrimiento injusto de Jesús? ¿Es posible que fuera también uno de los seguidores de Jesús que arriesgó su propia vida para ayudarle?

No sabemos si Simón era uno de los seguidores de Jesús previamente a este encuentro. Pero Marcos nos da una pista intrigante al mencionar que desde este momento Simón siguió a Jesús y que la experiencia de cargar con su cruz le afectó de una manera profunda. Marcos 15:21 nos dice, "Obligaron a uno que pasaba, Simón de Cirene, padre de Alejandro y de Rufo, que venía del campo, a que le llevara la cruz". El hecho de que Marcos menciona a los hijos de Simón y no a Lucas ni a Mateo indicaría que las personas a las que iba dirigido este evangelio —los cristianos en Roma aproximadamente treinta años más tarde— conocían a Alejandro y a Rufo. Cuando el evangelio se escribió Simón ya había fallecido. En Romanos 16:13, Pablo, cuando escribió a los cristianos en Roma unos pocos años antes que se compusiera el evangelio de Marcos, dijo, "Saludad a Rufo, escogido en el Señor, y a su madre, que lo es también mía". Parece ser que este Rufo era el hijo de Simón. Para entonces era un líder de la iglesia, "escogido en el Señor", y Pablo apreciaba especialmente a su madre. Simón estaba probablemente tan movido por su experiencia de compartir por un momento el sufrimiento de Jesús, de llevar su cruz y verle cuando le crucificaban que fue el primer creyente trasformado por la influencia moral de la Expiación. Su corazón fue trastornado por el sufrimiento de Jesús, y tomó la decisión de seguirle. La esposa de Simón y sus hijos se convirtieron también en seguidores de Jesús.

¿Dónde nos vemos a nosotros mismos en esta porción de la narración? ¿Nos vemos a nosotros mismos en los soldados? Los soldados que se arrodillaron delante de Jesús y gritaron, "Salve, Rey de los judíos", pero que interiormente se estaban burlando de él. Estas personas adoraban el poder, y disfrutaban al infligir dolor en otras personas, y en ultima instancia estaban ciegos. Pregunté a uno mis amigos en una ocasión, "¿Te has burlado alguna vez de Jesús con tus palabras o acciones?" y me respondió, "Claro que me burlado de él. Siento como si toda mi vida lucho para no burlarme de Jesús, cuando digo algo a cerca de él en la iglesia pero en mis pensamientos y acciones me burlo de él el resto de la semana. No vivo como si él fuera mi Rey". ¿Hemos aclamado alguna vez a Jesús como Rey los domingos y nos hemos burlado de él el lunes siguiente?

Sin embargo, también podríamos vernos en Simón quien vio a Jesús sufrir y se conmovió tanto que se convirtió en su seguidor; y años más tarde, después de haber fallecido, su esposa e hijos continuaron su servicio al Señor. Este es el tipo de trasformación que cada uno de nosotros anhela cuando contemplamos el sufrimiento y muerte de Cristo.

---

[1] *Nicene and Post-Nicene Fathers, Second Series* (Hendrickson Publishers, 1999); Vol. 1, page 189.

[2] De Wikipedia; ver http://en.wikipedia.org/wiki/Stanford_prison_experiment. (Marzo 30, 2006)

[3] Ver Transforming People Into Perpetrators of Evil, por Philip Zimbardo; http://www.sonoma.edu/users/g/goodman/zimbardo.htm. (Junio 2009)

[4] Ver Transforming People Into Perpetrators of Evil, por Philip Zimbardo.

[5] De NPR, Morning Edition; ver http://www.npr.org/templates/story/story.php?storyld=5308074. (Marzo 29, 2006)

6. La crucifixión

*Era la hora tercera cuando lo crucificaron. El título escrito que seña-
laba la causa de su condena era: «El Rey de los Judíos». Crucificaron también con él a dos ladrones, uno a su derecha y el otro a su izquierda. Así
se cumplió la Escritura que dice: «Y fue contado con los pecadores». Los
que pasaban lo insultaban, meneando la cabeza y diciendo: —¡Bah! tú
que derribarías el Templo de Dios y en tres días lo reedificarías, sálvate
a ti mismo y desciende de la cruz. De esta manera también los principales
sacerdotes, burlándose, se decían unos a otros, con los escribas: —A otros
salvó, pero a sí mismo no se puede salvar. ¡El Cristo! ¡Rey de Israel! ¡Que
descienda ahora de la cruz, para que veamos y creamos! También los que
estaban crucificados con él lo insultaban.*

*Cuando vino la hora sexta, hubo tinieblas sobre toda la tierra hasta la
hora novena. Y a la hora novena Jesús clamó a gran voz, diciendo:
—¡Eloi, Eloi!, ¿lama sabactani? (que significa: "Dios mío, Dios mío, ¿por
qué me has desamparado?"). Algunos de los que estaban allí decían, al
oírlo: —Mirad, llama a Elías. Corrió uno y, empapando una esponja en
vinagre, la puso en una caña y le dio a beber, diciendo: —Dejad, veamos
si viene Elías a bajarlo. Pero Jesús, lanzando un fuerte grito, expiró. Entonces el velo del Templo se rasgó en dos, de arriba abajo. Y el centurión
que estaba frente a él, viendo que después de clamar había expirado así,
dijo: —¡Verdaderamente este hombre era Hijo de Dios!*

(MARCOS 15:25-39)

Viernes
De las 9 de la mañana a las 3 de la tarde
GÓLGOTA, FUERA DE LOS MUROS DE JERUSALÉN

"La más infame de las muertes"

Nos ACERCAMOS AHORA a la cruz. Los romanos, como hemos aprendido, practicaban la crucifixión como un medio de infligir miedo en el corazón del pueblo; y la practicaron durante ochocientos años. Era una muerte horrible, las personas que la presenciaban se desanimaban de cualquier deseo de quebrar la ley romana. Séneca dijo que si una persona sabía de la posibilidad de ser arrestada y crucificada, le era mejor cometer suicidio.[1] Cicerón llamó a la crucifixión el "extremo y último castigo para los esclavos" y el "castigo más cruel y abominable".[2] Josefo la llamó "la más infame de las muertes".[3]

La crucifixión era un método extremadamente eficaz como elemento disuasivo contra el crimen. Las crucifixiones se ejecutaban en vías públicas donde la gente podía presenciarlas. Las vigas verticales de las cruces permanecían fijas en los lugares de ejecución. El criminal, después de ser azotado, cargaba con el travesaño de la cruz, que podía pesar unos cuarenta y cinco kilogramos. A las víctimas se las dejaba colgadas, o se las bajaba al pie de la cruz para que las alimañas se encargaran de ellas. Algunos de los cuerpos se tiraban en las pilas de basura, o los huesos simplemente se esparcían a menos que la familia de la víctima los reclamara. Normalmente los romanos no permitían a nadie que recogieran los cuerpos de las víctimas. Sin embargo, en Jerusalén los familiares podían enterrar a las víctimas crucificadas.

El propósito de la crucifixión era infligir la máxima agonía durante el mayor tiempo posible. Las víctimas podían permanecer colgadas varios días antes de fallecer. Dependiendo de lo que los romanos quisieran hacer, se clavaban los brazos de las víctimas

a la cruz por las muñecas, que se consideraban parte de las manos; o ataban a la víctima por los brazos a la cruz. Al parecer los pies siempre de clavaban a la cruz. La crucifixión de Jesús se representa en esculturas y pinturas con Jesús clavado a la cruz con los pies uno sobre el otro en frente de la cruz, y clavados a la madera con un clavo. Los estudios más recientes sugieren que esto no fue así.

En 1968, a las afueras de Jerusalén se halló un osario o una "urna con huesos", que pertenecía a un hombre de unos veinte siete años identificado con el nombre de Yehonnan. Los resto humanos del cofre se cree que pertenecen al primer siglo y constan de un tobillo con un clavo atravesándolo y huesos de la muñeca con marcas de sogas que probablemente se incrustaron en la piel de esa persona. Éste es el primer conjunto de huesos que se han encontrado con evidencia clara de haber sufrido la crucifixión. Señalan que las piernas de las víctimas se doblaban para que los talones quedaran paralelos con la viga vertical, y se clavaban ambos con un clavo largo. Estudios posteriores han cuestionado esta sugerencia. El clavo que se encontró en el osario es de unos trece centímetros. Entre la cabeza del clavo y el tobillo se encontraron residuos de madera, que sugieren que se presionaba el tobillo a la cruz con un trozo de madera por el que pasaba el clavo primero, después por el tobillo y finalmente se incrustaba en la viga vertical de la cruz. Considerando esto los estudiosos piensan que el clavo no era lo suficientemente largo para clavar ambos pies a la cruz. Así que sugirieron que a la víctima se le sujetaban los pies a los lados de la viga vertical y se clavaban a ella con un clavo en cada pie. Es probable que los piés de Jesús se clavaran de esta manera, y que sus brazos fueron también clavados por las muñecas en vez de haber sido atados con cuerdas.

Las piernas de Yehonnan habían sido fracturadas, de la manera que Juan nos dice que los soldados hicieron con las piernas de los ladrones crucificados al lado de Jesús. Era la manera que los romanos tenían de acelerar la muerte. No sabemos exactamente como ocurría; quizás causaba coágulos de sangre, aumentaba el choque o el estrés de todo el proceso, o dificultaba el poder apoyarse en las piernas para poder tomar aliento.

Comúnmente se representa a Jesús crucificado bastante elevado del suelo, sin embargo, en realidad se cree que la mayoría de las cruces no se levantaban más de tres metros, lo que permitía suficiente espacio encima de la cruz para poner un anuncio que detallaba los crímenes de la víctima. Es probable que los pies de las víctimas se elevaran del suelo no más de un metro. Jesús colgaba de la cruz no más de medio metro o un metro de altura sobre su madre, el discípulo Juan, los soldados y esas personas que se juntaron para insultarle. Todos se podían mirar a los ojos. Estaban más cerca de lo que muchas personas imaginan, podemos visualizar esto subiéndonos a una silla al lado de otra persona en pie —así era la proximidad de Jesús a las otras personas al pie de su cruz.

Algunos creen que la causa común de muerte entre los crucificados era la asfixia. Al estar colgados de la cruz resultaba muy difícil inhalar sin apoyarse en las piernas previamente. Contra más tiempo pasaba la víctima estaba más agotaba y le resultaba más difícil inhalar. La respiración era más y más esporádica, haciendo de esta tortura una muerte lenta por asfixia. Otras personas creen que era la acumulación de fluidos alrededor del corazón, al causar presión sobre este órgano, finalmente producía un ataque al corazón. La pérdida de fluidos y la subsiguiente deshidratación se ven también como causas de la muerte, como el choque producido por hipovolemia (atribuido a la deshidratación y a la pérdida de sangre que produce entre otros síntomas un incremento de ansiedad en la víctima). Otras personas atribuyen la muerte en la cruz a la combinación de todos estos factores. Lo que sabemos con certeza es que era una forma de tortura extremadamente eficaz y que duraba bastante tiempo. Jesús, ensangrentado y desnudo, colgó de esa cruz durante seis horas.

La Expiación como sacrificio

Entendemos por qué los líderes judíos, la multitud y los romanos querían crucificar a Jesús; pero ¿por qué da la impresión de que Jesús encara su muerte con tanto deseo, tomándola como si fuera parte de su misión? Los cristianos hablan de la muerte de Jesús como un evento histórico en el que Dios trajo salvación al mundo entero. Pablo escribe en Romanos 5:6-11:

Cristo, cuando aún éramos débiles, a su tiempo murió por los impíos. Ciertamente, apenas morirá alguno por un justo; con todo, pudiera ser que alguien tuviera el valor de morir por el bueno. Pero Dios muestra su amor para con nosotros, en que siendo aún pecadores, Cristo murió por nosotros. Con mucha más razón, habiendo sido ya justificados en su sangre, por él seremos salvos de la ira, porque, si siendo enemigos, fuimos reconciliados con Dios por la muerte de su Hijo, mucho más, estando reconciliados, seremos salvos por su vida. Y no solo esto, sino que también nos gloriamos en Dios por el Señor nuestro Jesucristo, por quien hemos recibido ahora la reconciliación.

En este pasaje, y en el resto de Romanos 5, Pablo nos ofrece varios aspectos de cómo la muerte de Cristo nos salva. La epístola a los Hebreos nos ofrece otro, el resto de las epístolas otro, y los evangelios incluso otro aspecto. Hay gran variedad de teorías de la Expiación en las que se percibe a Jesús como ocupando nuestro lugar, y recibiendo el castigo que la humanidad merece por su pecado. Específicamente la teoría de influencia subjetiva y moral de la Expiación establece que el sufrimiento y muerte de Jesús muestran la profundidad del pecado de la humanidad y el alivio del amor divino de tal manera que nos conmueve y nos trae al arrepentimiento y a un profundo deseo de seguir a Dios. A continuación consideraremos otra teoría a la que llamaré la teoría del amor que se sacrifica.

Desde el principio en la Biblia, en Génesis 4, leemos que los seres humanos ofrecían sacrificios a Dios. Los mortales presentaban ofrendas de grano, animales, vino, aceite y dinero a Dios como expresión de su gratitud, devoción, amor y adoración. Los creyentes se sentían unidos a Dios cuando traían tales ofrendas. Cuando LaVon y yo damos nuestros diezmos y ofrendas a Dios, lo hacemos no solamente para financiar el presupuesto de la iglesia o para obtener el favor de Dios. Aunque nuestras ofrendas son una expresión de nuestra gratitud a Dios, representan algo más profundo que eso. Las damos como una expresión de nuestro deseo de pertenecer totalmente a Dios, para honrarlo y amarlo y para ponerlo como prioridad en nuestras vidas. Entregar nuestros diezmos y ofrendas es para nosotros un acto de adoración. Como en nuestra vida diaria, a menudo damos regalos para expresar nuestra apreciación, amor y devoción a otras personas.

Las ofrendas que representan un sacrificio son también parte del proceso en la expresión de tristeza y arrepentimiento. Cuando hacemos daño a otras personas, nos alejamos de ellas hasta que reconocemos nuestra trasgresión, pedimos perdón y hacemos todo cuanto está a nuestra disposición para corregir la situación. Cuando nos peleamos con nuestro cónyuge y después nos damos cuenta de que estábamos equivocados, ¿qué hacemos? Unas personas escriben una nota el día siguiente y buscan maneras de agradarle como expresión de su remordimiento y del deseo de restablecer esa relación con la pareja. Otras regalan flores y expresan cuánto sienten haber causado el daño. Cualesquiera que sean estas expresiones, a través de ellas las personas se expían de sus pecados. No es que nunca se nos perdonará si no lo hacemos. De hecho, continuamente recibimos perdón sin regalar nada a la persona que hemos herido. Pero hay ocasiones en las que dar un regalo para expresar nuestro remordimiento merece la pena.

De la misma manera, en nuestra relación con Dios surge la necesidad de reconocer nuestro pecado, de arrepentirnos por haber pecado, y de intentar restituir esa relación. En el Antiguo Testamento, Dios hizo previsión para que el pueblo pudiera corregirse y poder restaurar su relación con Dios. Esto lo hacían por medio de ofrendas por sus pecados. Si alguna persona había violado la voluntad de Dios, podía traer una ofrenda especial al Señor y decir, "Siento mucho lo que he hecho, Señor. Por favor acepta esta ofrenda como expresión de mi arrepentimiento. Perdóname y límpiame una vez más". Con tales ofrendas, las personas podían sentirse libres de culpa y restauradas en su relación con Dios; eran una parte común de la adoración.

Así, una vez al año en el Día de la Expiación —*Yom Kippur*— se ofrecían sacrificios especiales. Incluso antes de existir un templo, había una tienda en la que el pueblo se reunía; y dentro de la tienda había una sala en la que estaba el trono de Dios. Estaba rodeado por una cortina; detrás de la cual se encontraba el arca del pacto, el trono de Dios. Una vez al año el Sumo sacerdote ofrecía en sacrificio un carnero por sus propios pecados y los pecados de su familia. El sacerdote se bañaba, y él y sólo él pasaría al otro lado de la cortina. Allí lo ofrecería por el pueblo como sacrificio a Dios y diría "Dios, con la sangre de este carnero te ofrezco este sacrificio, una criatura viva degollada para que puedas perdonar a tu pueblo. Vengo en su lugar, e imploro que perdones sus pecados y te olvides de ellos". Era una actuación memorable que demostraba la seriedad del pecado y de la disposición de Dios a perdonar. Este sacrificio, junto con una multitud de ofrendas expiatorias, no se hacía para huir de la ira de Dios, sino para expresar el arrepentimiento del pueblo y su deseo de reconciliación con Dios.

Una vez el carnero se había ofrecido por los pecados del pueblo, el sacerdote tomaba otro carnero sobre el que figurativamente le ponía los pecados del pueblo. Era el chivo expiatorio, al que se sacaba del recinto y se soltaba en el desierto. El pueblo entendía que, así como el carnero se había expulsado para que nunca jamás regresara, así también sus pecados se habían ido.

En la teoría del sacrificio expiatorio, vemos la crucifixión a través de los lentes del sistema de sacrificios del Antiguo Testamento. En su muerte, Jesús actuó como el Sumo sacerdote representando a toda la humanidad. A través de los evangelios, Jesús se refiere a sí mismo como el Hijo del hombre, título que acentúa su papel como representante de toda la humanidad. Él era Dios hecho carne, revelándonos así a Dios; pero también era totalmente humano, representando una nueva humanidad que era reflejo de lo que deberíamos de haber sido como seres humanos. En esta capacidad, se hizo nuestro sacerdote intercesor con Dios. Jesús ofreció un sacrificio de expiación a Dios por los pecados de la humanidad, para reconciliarnos con el Padre. No ofreció carnero ni becerro, se ofreció a sí mismo como Hijo del hombre y como nuestro Sumo sacerdote. En esencia, dijo, "Padre por estas criaturas, tan pequeñas, tan quebrantadas, tan fáciles de persuadir para que se dañen unas a otras, por estos hombres y mujeres que cometen maldad entre ellos y te dan la espalda —por ellos me ofrezco a mí mismo para expiación de sus pecados".

Las Escrituras hablan del Hijo de Dios, Jesús, sentado a la diestra del Padre. Dejaremos en manos de otras personas la explicación de la naturaleza de la Trinidad. Aquí simplemente diremos que Jesucristo está siempre con el Padre. En la presencia del Padre, el sacrificio propio de Cristo nunca será olvidado. Sus heridas son perpetuo recuerdo del precio que estaba dispuesto a pagar para restaurar a la humanidad a esa relación correcta con Dios. Este acto grandioso–su sufrimiento y muerte por la humanidad–sirve como sacrificio expiatorio por todas las personas; y el Padre, por virtud del amor del Hijo y su entrega, concede gracia y misericordia a todas esas personas que se aferran al Hijo como su Sumo sacerdote y Salvador. Dios Padre nos ofrece perdón y gracia no por nuestro propio mérito, sino porque su Hijo amado sufrió y murió por la raza humana.

Una vez más, esta perspectiva de la expiación sugiere que cuando Jesús sufrió y murió en la cruz se dio a sí mismo, como ofrenda en nuestro favor. Se entregó completamente a Dios como una oblación por nosotros, para que ganáramos la misericordia de Dios. Jesús siempre está con el Padre, y por esto continuamente intercede por nosotros. Él es la oblación perpetua para la humanidad. Y su sacrificio el Padre no puede jamás poner de lado ni ignorar.

Hace unos años, durante unas vacaciones con la familia, mi hija más pequeña tomó todo el dinero que había ahorrado para ese viaje y me compró un gorro para mi cumpleaños. Cuando me lo dio, y me di cuenta que había gastado todos sus ahorros, me conmovió. Ese gorro era una expresión de su amor, una expresión que incluía un sacrificio real. Mi hija ya ha crecido; pero todavía tengo ese gorro que está sucio, con manchas y desgastado. Cuando lo miro sonrío y recuerdo cuánto me quiere mi hija. Y es sólo un gorro. En el sacrificio de Jesús al Padre, él se dio a sí mismo para ganar nuestro perdón y la misericordia de Dios. Sus heridas en sus manos constituyen el perpetuo recuerdo al Padre del sacrificio de Cristo por nosotros. Su ofrenda ha ganado el favor de Dios.

Hasta ahora hemos considerado tres formas de entender el sufrimiento y muerte de Jesús y cómo traen salvación a la humanidad. En el último capítulo del libro, cuando nos centremos en la Semana Santa, consideraremos otra teoría más de la Expiación. El hecho de que el sufrimiento y muerte de Jesús se prestan a diferentes interpretaciones, y que incluso los autores del Nuevo Testamento parecen presentar diferentes alternativas a la manera de entenderlos, puede indicar que Dios lo quería de esta manera. Los escritores de los evangelios están de acuerdo en que el sufrimiento y muerte de Jesús eran centrales dentro del plan de salvación, pero no expresaron con detalle cómo el sufrimiento de Cristo produce la salvación de la humanidad.

De muchas maneras, el sufrimiento y la muerte de Cristo dan la impresión de que Dios quería que funcionaran como un gran obra de arte —que impresiona de diferente manera a diferentes personas en diferentes etapas de sus vidas. En mi propia vida, ha funcionado de esta manera. En momentos cuando he experimentado remordimientos por algo que he hecho, he sentido que Cristo se ha puesto en mi lugar y me ha consolado con el castigo que sufrió en mi lugar. Otras veces, he visto en su sufrimiento y muerte lo quebrantada que estaba mi vida; y me he maravillado en el amor de Dios quien se niega ha dejarme de lado. La cruz de Cristo me ha dirigido en otras ocasiones a darme a mí mismo, totalmente y sin egoísmo, a otras personas y a la obra de Dios. Y aún hay otras ocasiones en las que imagino a Jesús sufriendo en mi lugar, y me siento agradecido y amado.

Cualquiera que sea nuestro entendimiento de la muerte de Jesús, el hecho de su obra expiatoria al restaurar nuestra relación con Dios se hace evidente en un pequeño detalle en las narrativas de la crucifixión que encontramos en Mateo, Marcos y Lucas. Marcos nos dice, "Pero Jesús, lanzando un fuerte grito, expiró. Entonces el velo del Templo se rasgó en dos, de arriba abajo" (Marcos 15:37-38). Este velo era la cortina que separaba el lugar santísimo —la sala donde estaba el arca— del resto del Templo. Era el velo que cruzaba el Sumo sacerdote a solas, una vez al año, para expiar los pecados del pueblo. Al decirnos que la cortina se rasgó en pedazos cuando Jesús murió, los escritores dirigen nuestra atención a la idea de que en su muerte Jesús expió nuestros pecados al actuar como nuestro Sumo sacerdote. Rasgó la cortina que separaba a la humanidad de Dios. Nos ofreció, con su muerte, la reconciliación y expiación con Dios.

Las últimas palabras de Jesús

Antes de dejar la crucifixión, debemos prestar atención a las últimas palabras de Jesús. Las palabras finales de cualquier persona son de gran importancia. He acompañado a personas que estaban falleciendo, las he visto mover los labios con apenas energía para expresar su amor a los presentes una última vez u orar el Padrenuestro conmigo por última vez. Cada evangelio relata una o dos frases que Jesús pronunció desde la cruz. Estuvo clavado en la cruz unas seis horas y probablemente dijo más que lo que se nos relata, pero estas son las palabras que las persona que estaban presentes recordaron. Eran palabras que tenían un significado especial, y cada una merece un capítulo a parte; sin embargo aquí las consideraremos con brevedad, y veremos que nos enseñan en cuanto a su persona. Las trataré en el orden que imagino que Jesús las pronunció.

"He ahí tu madre" (Juan 19:27).

Juan nos dice que Jesús miró desde la cruz y vio a su madre a su lado. Imagino que ella lloraba durante esas seis horas de agonía. Lo único que sabemos es que solamente uno de los discípulos se encontraba al pie de la cruz, "el discípulo amado", a quien identificamos con Juan. Mientras sufría en la cruz, desnudo y con gran dolor, Jesús no pensaba en sí mismo sino en su madre, quien estaba tan cerca de él que la podía mirar a los ojos. Jesús estaba preocupado por su bienestar en el futuro. Esta escena es de gran hermosura y demuestra la humanidad de Jesús y el amor profundo que tenía por su madre y por el discípulo a quien se la confiaría.

"Padre, perdónalos, porque no saben lo que hacen" (Lucas 23:34).

Estas palabras constituyen las palabras más maravillosas y majestuosas que hayan sido pronunciadas por cualquier persona a punto de morir. Las vemos también reflejadas en Esteban, en Hechos 7:60, en su martirio por causa de su fe. Jesús miró desde la cruz a los soldados que se encontraban echando suertes sobre su ropa, a los sacerdotes que le señalaban con repugnancia, a la multitud que le insultaba, y a los ladrones a cada lado burlándose de él. En este momento la maldad que reside en todos los seres humanos se encontraba en su cumbre. Al ser Dios, Jesús podría haber llamado una legión de ángeles para que le vengaran. En vez, dio un último empujón hacia arriba y con todas sus fuerzas ofreció una oración por esas personas que se burlaban de él y le crucificaban. "Padre, perdónalos", oró, "porque no saben lo que hacen". Lo que estaba en la mente de Jesús en ese momento era el hecho de que somos criaturas ciegas, estúpidas y lamentables; y pidió a gritos desde la cruz misericordia para nosotros.

¿Cómo es posible? Una vez más vemos aquí la claridad que Jesús tenía de su misión. Su muerte tenía un propósito. Aún cuando sus enemigos se burlaban de él y le sometieron a la muerte más atroz, Jesús pedía el perdón de ellos. Así actuaba Jesús como nuestro Sumo sacerdote intercediendo por nosotros. Imaginemos el impacto de sus palabras en esa multitud. ¿Creen que por lo menos por un instante se callaron y se sintieron avergonzados por lo que habían hecho? Imagino que algunas de esas personas nunca olvidarían el momento en el que oyeron a Jesús pronunciar esas palabras.

"Hoy estarás conmigo en el paraíso" (Lucas 23:43).
Había dos ladrones crucificados en cruces uno a cada lado de Jesús. Sufrían una muerte terrible. A pesar de esto, uno de ellos se unió a la multitud para burlarse del hombre que moría a su lado. Sin embargo, cuando Jesús oró por las personas que le habían crucificado y las que se burlaban de él, uno de los ladrones escuchó y se asombró y avergonzó por lo que él había hecho. De alguna forma la venda en los ojos de su corazón cayó, y pudo ver

que Jesús no era un criminal cualquiera. Comprendió algo de la esencia de Jesús. El otro ladrón siguió insultando a Jesús, pero este otro dijo, "¡Basta ya! ¿No entiendes nada? Nosotros merecemos morir. Este hombre no. Es inocente" (paráfrasis de Lucas 23:40-41). Se volvió a Jesús y le dijo, "Acuérdate de mí cuando vengas en tu Reino" (Lucas 23:43); y Jesús se enderezó un vez más y le dijo, "De cierto te digo que hoy estarás conmigo en el paraíso" (Lucas 23:43). Me encanta esto. Jesús, colgado en la cruz, seguía buscando salvar a los que estaban perdidos. Este hombre no entendía teología. No conocía las Escrituras. No había recitado un credo. No se había unido a una iglesia ni había sido bautizado. No tenía la oportunidad de hacer lo correcto ni de limpiar su vida. Estaba colgado en una cruz por los crímenes que había cometido cuando, de una forma sencilla, percibió la visión del reino de Jesús y le pidió si podía formar parte de este; y esto fue suficiente. "Ahora que sé quién eres", dijo, "me gustaría seguirte". Para nosotros, como para el ladrón en la cruz, es suficiente punto de inicio. Podemos dirigir nuestra mirada al Señor y decir, "Jesús, acuérdate de mí cuando vengas en tu reino. Quiero seguirte. Ayúdame a hacer esto".

Sus detractores le llamaban "amigo de publicanos y pecadores" (Mateo 11:19; Lucas 7:34). Dijo a sus discípulos una semana antes de su muerte que "el Hijo del hombre vino a buscar y a salvar lo que se había perdido" (Lucas 19:10). Pasó la mayoría de su ministerio público con marginados, recaudadores de impuestos y prostitutas. Murió en la cruz entre dos ladrones. Uno de ellos, aún colgando de otra cruz al lado del Hijo de Dios, seguía cegado por el pecado. Pero el otro vislumbró en Jesús, crucificado a su lado, la gloria y el amor de Dios y se unió a Jesús. La palabras de Jesús dirigidas a este hombre hablan enormemente de la naturaleza de la misericordia de Dios y de la salvación.

"Dios mío, Dios mío, ¿por qué me has desamparado? (Mateo 27:46; Marcos 15:34; ver Salmo 22:1).

Durante estas agonizantes horas en las que Jesús colgaba de la cruz, Dios, su Padre, permanecía en silencio. Estas palabras de Jesús no contenían esperanza ni aliento, más bien eran palabras de derrota. Mateo y Marcos escriben estas palabras; y por lo que leemos algunas de las personas que estaban al pie de la cruz encontraron confusión en ellas, otras las entendieron como las palabras de un hombre que siente absoluta desolación.

Jesús gritó, "Dios mío, Dios mío, ¿por qué me has desamparado?"

Estas palabras resultan de inquietud para algunas personas. ¿Se sentía Jesús verdaderamente abandonado por Dios en ese momento? ¿Abandonaría Dios a su propio Hijo?

Algunas personas sugieren que en ese momento cuando Jesús se sentía abandonado por Dios, su Padre cargó sobre él los pecados del mundo y se vio obligado a darle la espalda porque Dios siendo santo no puede mirar al pecado. Personalmente encuentro esta explicación enteramente inadecuada —toma demasiado literalmente el punto de vista de que Jesús cargó con los pecados de la humanidad en la cruz. ¿Qué es lo que Dios cargó en Jesús exactamente? Y más importante aún, ¿daría la espalda el Padre a su propio Hijo en el momento de su mayor acto de salvación? Esto resulta impensable. Considero más posible que Dios nunca apartó su vista de Jesús durante esas horas de agonía en la cruz. Dios Padre sufrió con el Hijo.

Si las palabras de Jesús no fueron consecuencia de que el Padre le diera la espalda en ese momento, ¿por qué pronunció este clamor de desamparo? ¿Dios mismo se encontraba desamparado?

Lo que vemos en estas palabras de Jesús es su humanidad. Se encontraba experimentando lo que la mayoría de nosotros enfrentamos en grado menor en nuestras vidas: un momento de silencio de parte de Dios que nos resulta ensordecedor al sentirnos abandonados por él. El dolor y la duda se apoderan de nosotros y obstruyen cualquier percepción que tenemos de la presencia de Dios. No podemos percibir cómo Dios es capaz de cambiar esa situación para bien. Dios parece tan distante, y nuestras oraciones parecen no recibir respuesta. El gozo de la presencia de Dios desaparece. Debemos agradecer el hecho de que Jesús sabe lo que es orar, "pase de mí esta copa" (Mateo 26:39), pero debemos agradecer más aún que Jesús se puso a sí mismo en una situación en la que sintió el innegable deseo de gritar, "Dios mío, Dios mío, ¿por qué me has desamparado?" Jesús sabe lo que sentimos cuando nos encontramos desesperados porque vivió la desesperación en sí mismo. El hecho de que Jesús sintiera tal angustia nos proporciona consuelo cuando pasamos por situaciones intolerables. Y debemos sentirnos esperanzados cuando recordamos que Jesús, en última instancia, experimentó liberación y aunque se sintió abandonado, no lo estaba.

Es importante que notemos que en este clamor, Jesús citó el Salmo 22:1. Lo que nos recuerda lo importante que los salmos eran en la vida de oración de Jesús; además de recordarnos que el mismo salmista se sintió desamparado y abandonado por Dios. Es interesante leer todo el Salmo 22. Vez tras vez constituye un reflejo de la experiencia de Jesús durante su crucifixión. De hecho, cuando Jesús utilizó estas palabras del Salmo con seguridad quería incitar a sus discípulos a que lo leyeran completamente. Resulta aparente por qué vino este Salmo a la mente de Jesús, pero también es de provecho notar que este salmo termina con una nota de triunfo y esperanza. En el versículo 24 leemos que Dios

> porque no menospreció ni rechazó
> el dolor del afligido,

ni de él escondió su rostro,
sino que cuando clamó a él, lo escuchó.

El salmista continúa señalando que

Se postrarán delante de él todos los que descienden al polvo,
aun el que no puede conservar la vida a su propia alma.
La posteridad lo servirá;
esto será contado de Jehová hasta la postrera generación.
Vendrán y anunciarán su justicia;
a pueblo no nacido aún, anunciarán que él hizo esto.
(Salmo 22:29-31)

De la misma manera que los escritores de los salmos, Jesús expresó desesperación y sentimientos de abandono verdaderos; y al mencionar el Salmo 22 comparte la misma fe que tenía el salmista. Sintió como si Dios le hubiera abandonado, pero seguía confiando en que Dios le liberaría al final.

"¡Tengo sed!" (Juan 19:28).
Las horas pasaban, y la intensidad del dolor y la agonía aumentaban en Jesús. Jesús estaba deshidratado por la pérdida de sangre y de agua (por el sudor). No había comido ni bebido nada desde esa última cena la noche anterior. La vida se le esfumaba. Su boca estaba reseca. Juan nos dice que Jesús dijo, "Tengo sed".

En el evangelio de Juan todo está escrito en dos niveles; y siguiendo este formato, las palabras de Jesús aquí tienen un significado aparente y otro más profundo. Jesús era un ser humano, deshidratado, sediento en extremo, la lengua se le pegaba al paladar; pero este relato nos lleva a recordar otra instancia en la que Jesús estaba sediento. En el capítulo cuarto de Juan, cuando Jesús pasaba por Samaria, se acercó a un pozo donde se encontraba con una mujer. "Dame de beber", le dijo (Juan 4:7). "La mujer samaritana le dijo: ¿Cómo tú siendo judío, me pides a mí de beber, que soy mujer samaritana?" Jesús le respondió, "Si conocieras el don de Dios, y quién es el que te dice, 'Dame de beber', tú le pedirías, y él te daría agua viva... el que beba del agua que yo le daré no tendrá sed jamás, sino que el agua que yo le daré será en él una fuente de agua que salte para vida eterna" (Juan 4:9-10, 14). El propósito de las palabras de Jesús, "Tengo sed", es el de infundir tristeza al lector. Esa fuente de agua viva de la que bebiendo nunca volveremos a estar sedientos, ese manantial eterno se estaba secando, y su vida se disipaba.

Juan, como los otros evangelistas, informa que alguien que estaba cerca a la cruz le ofreció vinagre para beber, pero sólo Juan menciona que esta persona puso una esponja empapada en vinagre en una rama de hisopo y que la acercó a los labios de Jesús. Una vez más Juan con este pequeño detalle quiere señalar un aspecto más profundo. Dios había mandado que se utilizaran ramas de hisopo para marcar los dinteles y postes de las puertas de los israelitas con sangre de cordero cuando se produjo la matanza de los primogénitos de Egipto (Éxodo 12:22). También se utilizaba hisopo con grana para rociar a los leprosos con sangre y agua (Levítico 14) y para purificar a los impuros (Números 19). Cuando David confesó con las palabras del Salmo 51, clamó, "Purifícame con hisopo y seré limpio" (v. 7); y el escritor de Hebreos nos dice que después de que Moisés diera los mandamientos al pueblo, "tomó la sangre de los becerros y de los machos cabríos, con agua, lana escarlata e hisopo, y roció el mismo libro y también a todo el pueblo diciendo: 'Esta es la sangre del pacto que Dios os ha mandado' " (Hebreos 9:19-20). Aunque Juan no incluye las palabras de Jesús en la cena con los discípulos, "porque esto es mi sangre del nuevo pacto que por muchos es derramada para perdón de los pecados" (Mateo 26:28), quiere que el lector entienda y recuerde estas palabras al incluir el detalle de la rama de hisopo que se utilizó para ofrecerle a Jesús vinagre para calmar su sed.

"Padre, en tus manos encomiendo mi espíritu" (Lucas 23:46).

Como el Salmo 22, casi todos los salmos de lamentación —esos que contienen quejas porque Dios parece distante— terminan con una afirmación de fe. El simple recitar de uno de estos salmos de lamentación es en sí una afirmación de fe. Cuando la oscuridad parece prevalecer en nuestras vidas, hablemos y quejémonos con Dios, pues así afirmaremos nuestra fe. Las últimas palabras de Jesús desde la cruz que figuran en el evangelio de Lucas nos muestran un Jesús que confiaba absolutamente en Dios: "Padre, en tus manos encomiendo mi espíritu". Estas palabras deben de ser el modelo de oración para todos nosotros cuando nos encontramos con temor, o enfermos, o cuando nos enfrentamos a nuestra propia muerte. Esta oración dice, "Me entrego a ti, oh Dios. Mi vida y mi muerte, los tiempos buenos y los malos, todo lo que soy y tengo lo pongo en tus manos, oh Dios, para que se haga tu voluntad".

"¡Consumado es!" (Juan 19:30).

Por último, Jesús pronunció estas palabras, que constituían un grito no de delirio ni de derrota, sino de victoria: "Consumado es". En estas palabras hay determinación. Lo que Jesús vino a hacer, ha culminado. El plan se ha llevado a cabo. La salvación ha sido posible, el amor se ha hecho manifiesto. Jesús ha ocupado nuestro lugar. Nos ha mostrado a la humanidad quebrantada y también el amor de Dios. Se ha ofrecido completamente a sí mismo como sacrificio a Dios a favor de la humanidad. Cuando Jesús murió, su obra culminó. Con estas palabras, la persona más noble que haya existido, Dios hecho carne, dio su último aliento.

Vernos a nosotros mismos en la historia

Antes de dejar esta escena, debemos volver a los soldados al pie de la cruz. Lucas y Juan nos dicen que unos de ellos estaban ocupados echando suertes sobre las ropas de Jesús. Los soldados vieron a Jesús morir pero no entendían lo que realmente estaba pasando. Tomaron lo que consideraron de valor —sus ropas— pero perdieron de vista el infinito valor de la vida eterna que Jesús nos ofreció en ese momento. Sin embargo, Marcos nos dice que uno de los soldados "que estaba frente a él", oyó esas últimas palabras de Jesús, le vio tomar su último aliento, y dijo "¡Verdaderamente este hombre era Hijo de Dios!" (Marcos 15:39).

Reflexionemos y veamos dónde nos encontramos en esta historia. ¿Seremos como los soldados que echaban suertes sobre la ropa de Jesús, pero que no se percataron del poder, del misterio ni de la maravilla de la cruz y para quienes su único interés estaba en unos pedazos de tela? Cuándo terminemos este libro, ¿volveremos a preocuparnos primeramente por las cosas mundanas —ropas, automóviles, vacaciones, estatus social? O, ¿seremos cómo el soldado que vio todo lo ocurrido en esas últimas horas en la vida de Jesús, que se conmovió y dijo "Verdaderamente este hombre era Hijo de Dios"?

[1] *Seneca's Epistles,* Volumen 111; ver http://www.stoics.com/seneca_epistles_book_3html. (Abril 4, 2006)

[2] *Bible History On Line;* ver http://www.bible-history.com/past/flagrum.html. (April 4, 2006)

[3] *Bible History On Line;* ver http://www.bible-history.com/past/flagrum.html. (April 4, 2006)

7. El Cristo triunfante

Cuando pasó el sábado, María Magdalena, María la madre de Jacobo, y Salomé, compraron especias aromáticas para ir a ungirlo. Muy de mañana, el primer día de la semana, vinieron al sepulcro, recién salido el sol. Pero decían entre sí: —¿Quién nos removerá la piedra de la entrada del sepulcro?
Pero cuando miraron, vieron removida la piedra, aunque era muy grande. Y cuando entraron en el sepulcro, vieron a un joven sentado al lado derecho, cubierto de una larga ropa blanca, y se asustaron. Pero él les dijo: —No os asustéis; buscáis a Jesús nazareno, el que fue crucificado. Ha resucitado, no está aquí; mirad el lugar en donde lo pusieron.
(MARCOS 16:1-6)

Viernes
6 de la mañana
UNA TUMBA VACÍA EN LAS AFUERAS DE JERUSALÉN

El primer día

CON LA MUERTE de Jesús en el Calvario, a pesar de la cacofonía de los soldados y de los criminales, de los que se burlaban y de las personas que pasaban por ahí, somos testigos de lo que parece ser el triunfo final del mal. Todo lo detestable y violento que pudiéramos imaginar se materializó en esos acontecimientos que alcanzaron su clímax en esas seis horas en las que Dios, con forma humana, colgaba de una cruz en una colina a las afueras de Jerusalén.

No podemos apreciar realmente la Semana Santa hasta que nos encontramos con la cruz. El poder de este día va más allá de lo que podemos comprender, incluso se nos lleva al mismísimo infierno, sumergidos en la oscuridad de esos lugares. Y no es hasta que vemos la extensión máxima del mal materializado en ese lugar y somos testigos de la aparente victoria de la muerte que comenzamos a apreciar el triunfo que celebramos en la Semana Santa.

Jesús murió alrededor de las tres de la tarde del viernes. El *Sabbath* judío estaba a punto de comenzar con la puesta del sol tres horas más tarde (los días judíos comienzan y terminan con la puesta del sol); y este sabbath de la Pascua era de importancia particular. Las autoridades judías no querían dejar cuerpos crucificados en ese día, por lo que pidieron a Pilato que acelerara la muerte de los ejecutados rompiéndoles las piernas. Los soldados llevaron a cabo las órdenes con los ladrones; pero cuando llegaron a Jesús, hallaron que ya había dado su último aliento.

Aproximadamente dos horas antes de la puesta del sol, bajaron a Jesús y a los dos ladrones de sus cruces. Como las leyes judías no permitían entierros durante el sábado, quedaba poco tiempo para organizar el entierro y preparar el cuerpo de Jesús para el funeral. Sus discípulos estaban dispersos; pero todos los evangelios coinciden con que uno de sus seguidores, José de Arimatea, tuvo el valor necesario para pedir a Pilato permiso para enterrar a Jesús y que Pilato le concedió su solicitud.

Marcos nos dice que José era un "miembro noble del Concilio" (Marcos 15:43) —esto es, del Sanedrín que había condenado a Jesús a muerte. Mateo nos dice que era "un hombre rico" y "había sido discípulo de Jesús" (Mateo 27:57). Lucas lo describe como un "hombre bueno y justo... que... no había consentido en el acuerdo ni el los hechos de ellos (del Sanedrín)" (Lucas 23:50-51). Juan nos dice que "era un discípulo de Jesús, pero secretamente por miedo a los judíos" (Juan 19:38). La escena completa que describieron niega la idea que sólo los pobres, los analfabetos, y los "pecadores" eran discípulos de Jesús; nos muestra que no todos los líderes judíos buscaron la muerte de Jesús.

El temor de José de declararse públicamente como uno de los discípulos de Jesús (como se describe en el evangelio de Juan) no lo diferencia de cierto número de miembros de la sociedad que he conocido. Temen lo que otros puedan pensar si se identifican ellos mismos como personas que toman su fe seriamente. ¿Qué le hubiera costado a José, un miembro rico y respetado de la sociedad judía, si se hubiera identificado como un discípulo de Jesús? Si lo hubiera hecho, declarando su apoyo a Jesús, ¿cómo hubiera afectado a las otras personas? ¿Se hubieran desarrollado estos acontecimientos de manera diferente?

¿Cómo nos identificamos con José? ¿Hemos sido en ocasiones discípulos secretos por miedo a lo que otras personas pudieran pensar?

El temor de José aparentemente se disipó cuando Jesús murió, y se apresuró a preparar su cuerpo inerte para ser sepultado. Juan nos dice que con José había otro discípulo secreto de Jesús: Nicodemo (Juan 19:39), quien era también un "dignatario de los judíos" (Juan 3:1). Nicodemo trajo con él aproximadamente 45 kgs. de mirra y áloe; y ambos hombres, sin tener tiempo para hacer los preparativos completos del entierro (que normalmente hubiera tomado varias horas), rápidamente limpiaron el cuerpo de Jesús y lo envolvieron en una manta de lino. Mateo (27:60) nos dice que José colocó a Jesús en su propio sepulcro que era nuevo y "labrado en la peña" y el que Juan (19:41) describe estar en un jardín cerca del lugar donde se crucificó a Jesús. José después rodó una piedra para tapar la entrada de la tumba.

Si combinamos los acontecimientos relatados en los diferentes evangelios, el número total de personas involucradas en el enterramiento de Jesús era cuatro. José, Nicodemo y dos de las mujeres que siguieron a Jesús —María Magdalena y otra María— fueron las únicas personas que tuvieron la osadía de asistir. Los apóstoles se habían encerrado en sus casas, aterrados con la posibilidad de ser arrestados y de sufrir el mismo fin de su Señor.

Con la puesta del sol el sábado pascual se inició; y mientras otras personas estaban de celebración, quienes conocían y amaban a Jesús estaban aturdidas y traumatizadas por lo que habían presenciado.

El segundo día

No tenemos documentación escrita de lo que sucedió ese viernes por la noche después de la crucifixión y el entierro, ni de los acontecimientos durante ese sábado. Se deja a nuestra imaginación interpolar en base a lo que leemos en los evangelios. Mateo (27:62-66) nos dice que Pilato puso guardias en la tumba porque, de acuerdo con los fariseos, Jesús había hablado de levantarse de los muertos. Temían que los discípulos vinieran a tomar el cuerpo de Jesús y anunciar que había resucitado. Lucas (23:56b) simplemente dice que "descansaron el sábado, conforme al mandamiento". Juan (20:19) nos da el detalle que el domingo los discípulos estaban en una casa con las puertas cerradas por miedo a ser arrestados, y es probable que estuvieran allí desde ese viernes por la noche. Algunos especulan que era el mismo "aposento alto" donde Jesús celebró la Pascua con ellos el jueves por la noche y donde los discípulos se reunirían el día de Pentecostés cuando el Espíritu Santo descendió sobre los apóstoles.

Es difícil imaginar cuán baja era la moral entre los discípulos. El miedo de que podrían sufrir el mismo fin que Jesús era sólo parte de ello. También estaba el sentimiento de culpabilidad. Sabían que Judas no era el único que le traicionó. Pedro no podía quitarse de la mente la imagen cuando sus ojos encontraron los de Jesús en el atrio del Sumo sacerdote después de haber negado conocerle (Lucas 22:54-62). El resto había huido cuando Jesús más los necesitaba. Solamente Juan había permanecido cerca de la cruz; los otros miraron desde la distancia. Ninguno se había presentado para enterrar a Jesús. Se sentían todos como unos cobardes.

Sin embargo, la culpabilidad y el temor no era todo lo que cargaban sus corazones en ese día. Abandonaron todo para seguir a Jesús. Creían que él era el Mesías que iba a restaurar Israel. Creían que Dios estaba con él de manera poderosa y que poseía las "palabras de vida". En él vieron la bondad personificada. Les había mostrado amor, misericordia y gracia. Ahora lo impensable había acontecido. La maldad, perpetrada por esos que proclamaban ser justos, había derrotado el bien. Los soldados romanos habían derrotado al Mesías de Dios. Su Rey se había ido. Sus sueños y esperanzas, incluso su fe, habían sido crucificados con él; y debían haber caído en una desesperación profunda.

Al pensar en los discípulos en este segundo día después de la muerte de Jesús, pasan por mi mente las imágenes de las muchas veces en que me he sentado con familias después del fallecimiento de un joven; de estar sentado en la sala de espera del hospital con un par de docenas de adolescentes en espera a que remuevan el soporte de vida de su amigo; el silencio interrumpido momentáneamente por pequeños llantos cuando estaba sentado en la casa de los familiares de una joven que había sido asesinada. De vez en cuando había intentos de volver a la "normalidad" en estas situaciones, pero nada puede calmar el peso de la muerte o ese sentimiento cuando el peso del dolor presiona el corazón.

Era el segundo día —el día siguiente. Es el que todos recordaremos. Es el día después del diagnóstico de un cáncer terminal; el día después de que un esposo o una esposa deja la casa, desapareciendo de tu vida, tu futuro, tus esperanzas, y tu corazón queda hecho pedazos. Es el día después que la demanda contra ti se presenta, o el día después del veredicto. Es el día después del 11 de septiembre, el día en que las noticias se siguen vertiendo y nos damos cuenta que el mundo tal como lo conocíamos ha cambiado. Es el día cuando el mundo parece tan oscuro que no podemos vislumbrar ni un brote de esperanza.

Con todo, incluso en este día, en la desesperación una presencia invisible pero sin embargo palpable, uno de los discípulos rompió el silencio y dijo, "¿Qué es lo que Jesús dijo de Jonás cuando estuvo tres días en el vientre del pez?" El resto probablemente no prestaron atención. Entonces, un segundo discípulo habló. "¿No dijo algo en cuanto a destruir el Templo y en tres días volverlo a reedificar? ¿Podría haber estado hablando de la restauración de su vida?". A lo que otros responderían, "No, no quería decir eso". Incluso otro diría, "Juraría que Jesús dijo que al Hijo del Hombre lo matarían, pero que se levantaría de nuevo". Esta palabras de Jesús no se entendieron cuando él las pronunció, e incluso ahora parecían absurdas. Cuatro personas habían sido testigos del entierro de su cuerpo quebrantado. Era inconcebible que fuera a regresar.

"Descendió al infierno"

¿Qué hacía el espíritu de Jesús en ese segundo día? ¿Estaría descansando el sábado con su cuerpo reclinado en el sepulcro; o descendió, como afirma una de las versiones del Credo de los Apóstoles, "al infierno"? Esta doctrina, conocida en la Edades Media como el descenso de Cristo a los infiernos, mantiene la posición de que cuando murió, Jesús descendió al lugar de los muertos —que el Antiguo Testamento llama "Seol". Una vez allí liberó a los justos que habían fallecido para que pudieran ascender al cielo y predicó el evangelio a los que nunca lo habían oído. El fundamento bíblico de esta idea podría encontrarse en 1 Pedro 3:18b-20; 4:6. Aquí leemos, "siendo a la verdad muerto en la carne, pero vivificado en espíritu; y en espíritu fue y predicó a los espíritus encarcelados, los que en otro tiempo desobedecieron"; y "ha sido predicado el evangelio a los muertos". Los eruditos debaten en cuanto al significado de estos versículos, pero podrían dirigirnos a lo que Jesús hizo ese sábado. Pudo haber hecho en el ámbito de los muertos lo que hizo durante el principio de su ministerio: "Vino a buscar y a salvar lo que se había perdido". Esta doctrina y esos versículos nos muestran la profundidad de la pasión de Jesucristo por alcanzar a las personas que habían sido alienadas de la presencia de Dios.

Mateo, en su narración de la crucifixión, nos cuenta la historia curiosa de que cuando Jesús murió, algunas personas muertas se levantaron vivas de sus tumbas "y aparecieron a muchos" (Mateo 27:50-53). Este podría haber sido otro pasaje clave para afirmar la idea de que Jesús liberó a las personas justas del lugar de los muertos. Otras personas van más allá y sugieren que al entrar en los abismos de la tierra, el reinado de Satanás, Jesús se enfrentó al mismo Satanás a quien derrotó sin destruirlo, pero mostró su poder sobre él. Incluso Martín Lutero, en su *Declaración Sólida*, sugiere que Jesús conquistó al diablo cuando descendió a la muerte. "Simplemente creemos", escribió, "que su entera persona, Dios y ser humano, descendió al infierno después de su entierro, conquistó al diablo, destruyó el poder del infierno, y le quitó al diablo todo su poder".[1] Ambas ideas se pueden observar en el arte clásico donde se muestran las puertas del infierno quebradas y a Jesús que guía a Adán y Eva y a los justos del Antiguo Testamento fuera del reino de los muertos y los lleva a las puertas del cielo.

Lo que Jesús hizo en el espíritu mientras su cuerpo estaba acostado en el sepulcro sigue siendo un misterio; pero para los seguidores que dejó atrás, el período entre su muerte y resurrección fue el más oscuro que habían conocido. El Sábado Santo representa su angustia y total desamparo.

Al tercer día

El tercer día comenzó con la puesta del sol el sábado por la noche, pero no fue has la mañana temprano que María Magdalena descubrió que la piedra había sido removida y que la tumba estaba vacía. Los detalles difieren en los distinto evangelios, pero todas están de acuerdo en que esta mujer a quien Jesús había liberado de su posesión demoniaca o enfermedad mental fue la primera en la escena. Mateo, Marcos y Lucas nos dicen que iba acompañada por otra mujer; y venían con aceites aromáticos para ungir el cuerpo de Jesús.

Las mujeres quedaron atónitas por lo que vieron: la piedra había sido removida de la entrada a la tumba. Corrieron a la tumba, temían que alguien hubiera tomado el cuerpo de Jesús para desacrarlo y humillarlo aún más. Los evangelio varían un poco en el relato de lo acontecido a continuación. De acuerdo con Marcos (16:5), "vieron a un joven sentado al lado derecho, cubierto de una larga ropa blanca". Mateo (28:2) lo identifica como "un ángel [la palabra griega significa "mensajero"] del Señor". Lucas (24:4) dice que "se pararon junto a ellas dos varones con vestiduras resplandecientes". Juan (20:12) también menciona que había "dos ángeles con vestiduras blancas". "Y dijeron… ¿por qué lloras?" (Juan 20:15). "¿Por qué buscáis entre los muertos al que vive? No está aquí, si no que ha resucitado" (Lucas 24:5). Con estas palabras las mujeres corrieron para encontrarse con los discípulos.

La cronología de la Semana Santa varía un poco en los relatos de los cuatro evangelios. Sin embargo, la idea de que Jesús había resucitado de los muertos la consideraban poco creíble. En Marcos (16:1-8), las mujeres se enteran que Jesús había resucitado; pero estaban aterrorizadas y temían decírselo a otras personas. En Mateo (28:16-17) incluso después de que los discípulos lo vieran en el monte de Galilea, "algunos dudaban". En Lucas (24:8-11), María y las otras mujeres fueron a decir a los discípulos que Jesús había resucitado; "pero a ellos les parecían locura las palabras de ellas, y no las creyeron". Según Lucas (24:12), Pedro corrió a la tumba, pero aunque se nos dice que se maravilló, no está claro si entendió lo que había acontecido. En el relato de Juan (20:2-9), Pedro y Juan corrieron a la tumba; pero aunque "vieron los lienzos", siguieron sin entender. También tenemos al "incrédulo Tomás", que se perdió la primera aparición de Jesús a los discípulos. Tomás les dijo, "Si no veo en sus manos la señal de los clavos y meto mis dedos en el lugar de los clavos, y meto mi mano en su costado, no creeré" (Juan 20:25).

Me encanta la disposición de los evangelios a plasmar incluso los detalles que muestran las dudas de los discípulos con respecto a la resurrección. Si a los hombres y mujeres que estuvieron con Jesús les resultó difícil creer, cuánto más difícil será para las personas que viven dos mil años después y no han visto la tumba vacía ni al Cristo resucitado con sus propios ojos.

Como pastor considero el Domingo de Resurrección el domingo más importante pero también me resulta el más desafiante a la hora de preparar el sermón. Es un desafío precisamente porque los eventos que celebramos son difíciles de creer. Varios elementos de la historia dejan a los oyentes de hoy con la misma actitud de Tomás, "si no veo... no creeré". Algunos eruditos han buscado explicar la historia de la Semana Santa de otras maneras. Han sugerido alternativas a lo que relatan los evangelios. Quizás Jesús no estaba realmente muerto, y fue reanimado. Quizás estaba realmente muerto, y la tumba no estaba vacía; las mujeres y los discípulos meramente hablaron de una visión ocasionada por su deseo tan grande de que realmente ocurriera. Sin embargo, la iglesia primitiva con firmeza aseguró que la tumba estaba vacía, que Jesús fue resucitado, y que se le apareció a los discípulos y a cientos de personas en un período de cuarenta días. Estos le vieron y hablaron con él. Tocaron sus manos y se aseguraron que ciertamente estaba vivo. No era un fantasma. Se encontraba allí con ellos. Comió con ellos. Les enseñó y les animó. Y Mateo concluye su evangelio con las siguientes palabras que Jesús habló a sus discípulos: "Por tanto, id y haced discípulos a todas las naciones, bautizándolos en el nombre del Padre, del Hijo y del Espíritu Santo, y enseñándoles que guarden todas las cosas que os he mandado. Y yo estoy con vosotros todos los días, hasta el fin del mundo" (Mateo 28:19-20).

Hay muchas cosas en este mundo que no entendemos completamente y otras muchas que nos resultan absurdas. Muchos aspectos en el mundo de la física encajan en esta categoría. ¿Realmente todo el universo procede de una masa inicial del tamaño de la cabeza de un alfiler? Personalmente no entiendo cómo es posible, pero las teorías actuales de la formación del universo sugieren precisamente esto. ¿Está nuestro cuerpo realmente formado por átomos, cada uno de los cuales está formado por un núcleo rodeado de una nube de electrones con partículas cargadas en constante movimiento? No comprendo la totalidad de este concepto, pero confío en que sea verdad. Hay otra gran cantidad de ideas que he estudiado en física que me resultan un rompecabezas y que no puedo ni siquiera describir. Por esto me pregunto a mí mismo, "¿Es posible que el Dios que creó el universo, que formó el átomo, que diseñó el ADN de todas las formas vivientes, reanimara, o transformara y resucitara, el cuerpo físico de Jesús después de haber muerto?" Planteada de esta manera la resurrección no resulta tan increíble.

Junto a la pregunta de la resurrección del cuerpo de Jesús debemos preguntarnos si realmente hay vida después de la muerte. Ambas están vinculadas. Si Jesús resucitó de entre los muertos, habría evidencia de la realidad de la vida después de la muerte; y si hay vida después de la muerte, la resurrección de Jesús no resulta difícil de creer.

Sin duda alguna los discípulos sufrieron una trasformación después de la Resurrección. Estos discípulos que habían abandonado a Jesús porque tenían miedo, que se escondieron detrás de puertas cerradas en vez de ayudar a enterrarlo, se encontraban ahora en las calles de Jerusalén proclamando a Jesús a toda persona. "Podéis hacer con nosotros lo que queráis", decían. "Matadnos si queréis, pero debemos deciros: Al que habéis crucificado hemos visto levantado de los muertos. Él es de hecho el Hijo de Dios. Es el Rey de gloria, el Salvador del mundo". Y de allí fueron al resto del mundo proclamando las buenas nuevas. Se enfrentaron a tiempos difíciles. Se les arrestó vez tras vez, se le golpeó, recibieron abusos, y se les puso en prisión. La tradición nos cuenta que todos ellos, con la excepción de uno, murieron por su fe. Sin embargo, nunca jamás vivirían otra vez en los lugares oscuros del espíritu. Nunca jamás sentirían la duda y la desesperación que sintieron antes de la resurrección del Señor. Vivieron una vida de esperanza y confianza. Cuando oímos, confiamos y celebramos la historia de la Semana Santa, reclamamos la misma fe y descubrimos el mismo gozo y esperanza que los primeros discípulos experimentaron. La Semana Santa tiene poder para cambiarnos.

La esperanza de vida después de la muerte

La experiencia personal de muchas y diferentes personas me sugiere concluir que hay vida después de la muerte. Contaré algunas pocas de las más de cincuenta experiencias que me han sido compartidas durante los años.

Me hallaba sentado con un hombre que estaba muriendo. Mientras estaba sentado en su silla de ruedas, me preguntó si yo podía "verles", refiriéndose a personas que él podía ver pero no yo. Al rato falleció. Una mujer moribunda en su cama en el hospicio, con sus hijas a su lado, dijo, "¿pueden oírles?" Sus hijas le dijeron que no oían nada. "¿De verdad nos pueden oírles?" les dijo. "Me están llamando". Ellas preguntaron, "¿Quién te llama, mamá?". La mujer mencionó a su marido que había fallecido, a sus padres, y a otras personas fallecidas. Otra mujer me dijo recientemente que se despertó por la noche. Se levantó y vio desde su cama a su marido que había fallecido varios meses antes. Había una luz resplandeciendo alrededor de él, quien le sonrió y desapareció mientras ella estaba sentada en la cama, completamente despierta.

Hace algún tiempo, compartía el libro de Don Piper *90 Minutes in Heaven* (90 Minutos en el cielo) con un grupo de pastores. A Piper se le había declarado muerto, tuvo una experiencia de ultratumba, y después fue reanimado. Uno de los pastores se acercó a mí después de la conferencia y me dijo, "yo he tenido una experiencia muy similar a la de Piper". Me dijo que había estado en coma y que el prospecto de salir de este estado era tan mínimo que su familia decidió desconectarlo de los sistemas de soporte de vida. Me dijo que podía oír claramente a sus familiares despedirse de él. En ese momento, un viejo amigo que había fallecido años antes le empezó a llamar. Su amigo le dijo que no se preocupara, que todo iría bien. El pastor sintió una profunda paz y un fuerte deseo de seguir a su amigo. Me dijo que lo que recordaba más vívidamente era el canto y la música que parecían venir del cielo. Poco después fue reanimado y abrió sus ojos. Me dijo, "Nunca olvidaré la paz y la seguridad de que lo que había al otro lado de la muerte; era maravilloso".

Podría contar más historias como éstas. A mí, la variedad de estas historias hace de estas experiencias algo real; y si hay vida después de la muerte, el testimonio de los discípulos, las mujeres y los otros que vieron a Jesús resucitado me parece bastante convincente. El hecho es que los discípulos sufrieron un cambio radical, recibieron ánimo y energía, y fueron llenos de esperanza como resultado de su encuentro con el Cristo resucitado. El apóstol Pablo nos dice que más de quinientas personas vieron a Cristo después de la Resurrección (1 Corintios 15:6). Él mismo tuvo un encuentro con el Cristo resucitado (Hechos 9:1-18), una visión que transformó a Pablo, de ser un enemigo de la cristiandad a ser su mayor proponente. En mi caso, el paso de fe que se requiere para creer en la resurrección de Cristo es bastante pequeño. Estoy satisfecho con dejar cómo ocurrió, los detalles específicos de la Resurrección, en el ámbito de los misterioso. Pero el hecho de que resucitó lo considero confiadamente como una realidad.

La Resurrección no es en cuanto a un hombre muerto al que se le restauró la vida. Su poder radica en su significado, y es aquí cuando la resurrección me parece ser el fin perfecto y esencial de la historia del evangelio. La Resurrección de Cristo, como su crucifixión, es una palabra de Dios que habla de una verdad profunda que cambia todo. Esta historia pasó a definir las vidas de los primeros discípulos. El apóstol Pablo resumió el papel de la Resurrección en el mensaje del evangelio de la siguiente manera: "Si confiesas con tu boca que Jesús es el Señor y crees en tu corazón que Dios lo levantó de entre los muertos, serás salvo" (Romanos 10:9).

Todo esto nos lleva a la última de las teorías de la Expiación que consideraremos en este libro. A ésta se la llama a menudo *Christus Victor* —el Cristo triunfante. Esta teoría, que popularizó el teólogo y obispo sueco Gustaf Aulén, se considera como la recapitulación de uno de los puntos de vista dominantes en cuanto a la Expiación que mantenía la iglesia primitiva. Sostiene que el sufrimiento, muerte y resurrección de Cristo deben considerarse juntos como la poderosa palabra de Dios que anuncia la victoria de Dios sobre los poderes del mal y sobre el pecado que nos separa de Dios. Representan el triunfo de Dios sobre la muerte, el cual, por fe, compartimos.

No sé si Aulén utilizó esta metáfora, pero la encuentro útil: En Jesucristo, Dios entró en el *ring* de boxeo para enfrentarse a un oponente muy poderoso. El oponente, como el gigante filisteo Goliat de la antigüedad, mantenía a la humanidad cautiva. Los seres humanos viven en un mundo done "el fuerte prevalece" y donde la maldad parece vencer a menudo. Incluso los "justos" en el tiempo de Jesús se describen como teniendo celos como esclavos mezquinos de su propio pecado en la historia de la traición, condena y muerte de Jesús; y todos nosotros nos encontramos prisioneros en las garras de la muerte.

La realidad de nuestra esclavitud del mal, pecado y muerte es evidente a nuestro alrededor. Lo vemos en los 30.000 niños y niñas que mueren cada día de hambre y de enfermedades relacionadas con la malnutrición mientras otros tiene en exceso. Lo vemos en las continuas guerras y conflictos violentos en el mundo. Lo vemos en el egoísmo y avaricia que nos arrastran a catástrofes económicas, y lo vemos en el dolor que traemos a otras personas en nuestras relaciones diarias.

Con Jesús, Dios entró en el ring de boxeo donde la maldad daba la impresión de tener ventaja. Recibió los peores golpes del oponente, al estar sujeto a los poderes que conspiraban para destruirlo. Le golpearon, abusaron de él y por un momento le tumbaron. Pero, cuando la pelea parecía perdida, Jesús se levantó; y con su resurrección terminó la pelea derrotando a las fuerzas del mal, el pecado y la muerte. Cristo resultó triunfante. Con su victoria se le ofrece a la humanidad la oportunidad de unirse a él; para poder ser liberados del poder del mal, del pecado y de la muerte; y para vivir vidas de esperanza, libertad y amor.

EL CRISTO TRIUNFANTE

Los seres humanos tienen que escoger entre ponerse al lado de Cristo o no hacerlo. Nadie les obliga a dejar su esclavitud del pecado y de la muerte. La batalla entre el bien y el mal continuará hasta que Cristo regrese, pero su muerte y resurrección causó un gran golpe a las fuerzas del mal y demuestran la victoria última de Dios sobre éstas.

El relato de Juan sobre la Resurrección es el más lleno de simbolismo. Incluye una multitud de pistas que nos llevan al entendimiento de la victoria de Cristo que se produjo por su muerte y resurrección. Solamente Juan nos dice que la tumba estaba en un jardín. Este detalle nos lleva a recordar que toda la historia bíblica comenzó en un jardín: el jardín del Edén. Allí el diablo tentó a Adán y a Eva para que desobedecieran a Dios y buscaran su propia deificación, y así trajeron la maldad al mundo. La humanidad ha sido esclavizada por sus intereses propios, por su desobediencia y por su sentido de culpabilidad y vergüenza desde entonces. Pero en el jardín donde se situaba la tumba de Jesús vemos la restauración del Edén, al dar a las personas que deciden seguir al Cristo crucificado y resucitado la oportunidad de ser incluidas en esta restauración. Obrarán y orarán para que el reino de Dios venga "como en el cielos, así también en la tierra".

Juan nos dice que María Magdalena encontró dos ángeles dentro de la tumba, sentados donde había estado el cuerpo de Jesús, uno a la cabecera y el otro a los pies. Con esta imagen debemos ver el misericordioso trono de Dios, el trono simbólico que se representaba encima del arca del pacto. Allí era donde el Sumo sacerdote ofrecía la sangre para la expiación y ofrecía las ofrendas por los pecados ante Dios. Nos recuerda que Cristo ha conquistado la muerte y ofrece su misericordia a todas las personas que le invocan.

Vindicación

La resurrección de Cristo constituye una defensa de su mensaje, su identidad y su muerte en la cruz. En su mensaje, Jesús enseña una forma de vida que se fundamenta en el amor a Dios y al prójimo. Su ministerio iba dirigido a personas quebrantadas y perdidas. Un aspecto que irritó a las autoridades religiosas fue el hecho de que Jesús se sentó con borrachos y prostitutas y que les permitió ser parte de su ministerio. Enseñó que Dios era como un padre que tenía dos hijos, uno de los cuales se fue de casa. El padre esperó pacientemente a que el hijo regresara de nuevo; nunca dejó de amar a ese hijo. Esta era la dirección del ministerio de Jesús. Su mensaje de cómo actúa Dios iba en contra de las corrientes culturales. Benditos son los pobres, los hambrientos, los mansos, los humildes, los pacificadores. Benditos los que son perseguidos por su causa. Cuando un soldado romano les abofetee, vuelvan la otra mejilla y dejen que les abofetee de nuevo. Si alguien les pide que carguen su carga por una milla, cárguenla dos millas. Amen no solamente a su prójimo sino también a sus enemigos. Oren por quienes les persiguen. No perdonen solamente siete veces, sino setenta veces siete. Estas enseñanzas son fuera de lo ordinario. ¿Cómo puede cualquier persona vivir de esta forma? Sin embargo, lo que Jesús enseñó fue vindicado con su resurrección.

Lo que Jesús dijo en cuanto a su propia identidad era simplemente extraño: "Yo soy el pan de vida. El que a mí viene nunca tendrá hambre, y el que en mí cree no tendrá sed jamás" (Juan 6:35). "Yo soy la resurrección y la vida; el que cree en mí, aunque esté muerto, vivirá" (Juan 11:25). "Yo soy el camino, la verdad y la vida, nadie viene al Padre sino por mí" (Juan 14:6). Continuamente dio otra interpretación a las tradiciones y enseñanzas del pueblo judío, y dijo, "Oísteis que fue dicho a los antiguos... Pero yo os digo..." (Mateo 5:21-22). Jesús dijo, "Por tanto, id y haced discípulos a todas las naciones... enseñándoles que guarden todas las cosas que os he mandado" (Mateo 28:19-20). Dijo que él era el Mesías, el Hijo del Dios viviente. Idea que las autoridades religiosas y las personas que esperaban un mesías con poder militar rechazaron claramente. Sin embargo, Jesús lo mantuvo vez tras vez cuando se le cuestionaba en su juicio. Todos sus afirmaciones en cuanto a su persona se confirmaron con su resurrección, como Pablo escribe en Romanos 1:4, Jesús "fue declarado Hijo de Dios con poder, según el Espíritu de santidad, por su resurrección de entre los muertos".

La Resurrección confirmó además el significado de la muerte de Jesús en la cruz: era parte del propósito divino, y trajo con ella el perdón de pecados. Lucas captura esta idea en las palabras de Jesús a sus discípulos después de la Resurrección: "Así está escrito, y así fue necesario que el Cristo padeciera y resucitara de los muertos al tercer día; y que se predicara en su nombre el arrepentimiento y el perdón de pecados en todas las naciones, comenzando desde Jerusalén. Vosotros sois testigos de estas cosas" (Lucas 24:46-48).

En todos estos tres aspectos —su mensaje, su identidad y su muerte en la cruz— la resurrección de Jesús confirmaba todo lo que él dijo, todo lo que hizo y todo lo que era y es.

En última instancia, la Resurrección es la señal dramática de la victoria de Dios sobre todas las fuerzas que conspiraban contra Jesús —no sólo el Sanedrín y los romanos, sino todas las fuerzas del mal en este mundo. La Resurrección también es la señal de la victoria de Dios sobre la muerte. Nos dice que el pecado, el mal y la muerte no tienen la última palabra, aunque parezca en ocasiones que sean dominantes. La Resurrección es un grito de victoria sobre todas ellas, es la prueba de que la bondad, la justicia y la vida prevalecerán en última instancia. Pablo nos dice, "porque el aguijón de la muerte es el pecado, y el poder del pecado es la Ley. Pero gracias sean dadas a Dios, que nos da la victoria por medio de nuestro Señor Jesucristo" (1 Corintios 15:56-57).

Christus Victor, el Cristo triunfante, dice que el sufrimiento, muerte y resurrección de Jesús son la respuesta divina al pecado, maldad, injusticia, tragedia y dolor en este mundo. Jesús experimentó todos estos aspectos y triunfó sobre ellos. Invita a todas las personas que deciden seguirle a vivir como pueblo de Dios, libres del poder del pecado y del temor a la muerte. El poder de la Semana Santa, junto con la teoría de la Expiación de Christus Victor, puede resumirse con una palabra: esperanza. Esperanza es el sentido de que finalmente todo se arreglará, que a pesar de las dificultades de las circunstancias y de las situaciones dolorosas que pueden llevarnos a la desesperación, algo bueno está a la vuelta de la esquina. Un algo sin el que no podemos vivir. El Dr. Jerome Groopman, catedrático de medicina en Harvard, escribe en su libro *The Anatomy of Hope* (La anatomía de la esperanza) que, "La esperanza nos proporciona el valor para enfrentar nuestras circunstancias y la capacidad para superarlas. En todos mis pacientes, la esperanza, la esperanza verdadera, demuestra ser tan indispensable como cualquier medicación prescrita o cualquier procedimiento implementado".[2] Y esto es lo que la historia del sufrimiento, muerte y resurrección de Jesús nos trae.

Muchos de los acontecimientos que ocurren hoy día resultan aterradores. Hace varios años en la revista *Time* se cubría la historia del calentamiento global con el encabezado "Be Worried. Be Very Worried!" (Preocúpate, preocúpate muchísimo). Creo que el calentamiento global es una amenaza real y que los cristianos debemos estar al frente en lo concerniente a la mayordomía del medio ambiente. Sin embargo me niego a vivir una vida de temor debido a este calentamiento global. ¿Por qué? Porque creo que Cristo ha triunfado y que el calentamiento global no tiene la última palabra en cuanto a la vida.

La continua amenaza del terrorismo es muy real. Y creo que debemos hallar formas de resolver los problemas que suscitan un panorama donde florece el terrorismo. Sin embargo, me niego a vivir en temor por causa de terrorismo porque Cristo ha triunfado y no creo que el terrorismo vaya a dictar la última palabra en este mundo.

En el año 2008, se produjo una crisis económica global, que requiere un cambio fundamental en nuestra actitud hacia el dinero y ha afectado a cada persona en una manera u otra. Incluso esta crisis económica global no puede negar el hecho de que Cristo ha triunfado.

El saber que Jesús tendrá la última palabra nos proporciona valor para enfrentarnos a todos nuestros problemas actuales. Este conocimiento no nos incita a escondernos en nuestras casas. No nos lleva a enterrar la cabeza en la arena ni a decir que no nos importan los problemas con los que nos enfrentamos. Por supuesto, nos preocupa lo que ocurre en el mundo, y es por la Resurrección que somos capaces de enfrentarnos a estos asuntos con esperanza y gran valor.

Las siguientes palabras que se le atribuyen a Frederick Buechner lo expresan adecuadamente: "La Resurrección quiere decir que lo peor que pueda acontecer nunca será lo último".

Con el paso de lo años he pastoreado con cariño a muchas personas de mi congregación cuando se acercaban a sus últimos días. Un hombre excepcional de la congregación expresó el sentido del Cristo triunfante de la manera más elocuente. Tras varios años de intentar tener hijos, su esposa concibió y tuvieron una niña. Meses más tarde, se le diagnosticó a este hombre con un cáncer no muy común y muy agresivo. Yo me senté al lado de su cama mientras la enfermedad se expandía por su cuerpo. Con todo, la fe de este hombre era admirable. Dijo, "Sé que Dios no da a sus hijos cáncer. Esto es simplemente parte de la vida. Obviamente, oro para que me sane que es lo que deseo. Pero más allá de mi propio bienestar, oro para que de alguna forma, en mi batalla contra el cáncer se revele la gloria de Dios en mi vida". Y continuó, "Sé que Cristo ha resucitado; y porque vive, yo también viviré. Estoy seguro que me ha preparado un lugar para mí. No tengo miedo. Y confío en que enviará personas para que cuiden a mi esposa y a mi hija. Como Pablo, si vivo más tiempo, estaré agradecido por ello y espero ser útil para él. Pero si el cáncer corre su curso natural, sé que estaré con Cristo; y estoy muy agradecido por ello. Pues para mí, 'el vivir es Cristo y el morir me es ganancia' ".

He servido como pastor de la Iglesia Metodista Unida de la Resurrección durante casi veinte años. Tenía veinticinco años, cuando mi esposa, mis hijas y yo fundamos la iglesia. Cada Semana Santa durante estos veinte años termino el sermón del Domingo de Resurrección con las mismas palabras: "Las personas me preguntan si realmente creo en la historia de la Resurrección, y mi respuesta siempre es la misma. No es que crea en ella, sino que cuento con ella".

Concluyo el libro con las palabras de Isaac Watts. Provienen de un himno que se centra en la cruz, y creo que expresa extraordinariamente la respuesta que Dios anhela de nosotros cuando consideramos los sucesos que ocurrieron durante las últimas veinticuatro horas de la vida de Jesús:

Cuando examino la cruz maravillosa
    En la cual murió el príncipe de la gloria,
Mi ganancia cuento como pérdida,
    Y vierto con desprecio todo mi orgullo.

Prohíbe, Señor, que pueda jactarme,
    salvo soy en la muerte de Cristo mi Dios,
Todas las cosas inútiles que me atraen más,
    Las sacrifico a su sangre.

Ver de su cabeza, sus manos, sus pies,
  El fluir mezclado del dolor y del amor,
¿Háyase visto tal amor y dolor juntos,
  O espinas formar tan preciosa corona?

Era el reino entero de la naturaleza mío,
  que era un don tan sumamente pequeño;
Amor tan sorprendente, tan divino,
  Exige mi alma, mi vida, mi todo.[3]

Amén y amén.

---

[1] Harrowing of Hell; ver http://en.wikipedia.org/wiki/Harrowing_of_Hell. (Mayo 2008
[2] *The Anatomy of Hope,* Jerome Groopman, MD (Random House, 2004); p. xiv.
[3] "When I Survey the Wondrous Cross," en *The United Methodist Hynnal* (Copyright ©
1989 The United Methodist Publishing House); 298.